資質・能力を育てる
通信簿の文例 & 言葉かけ集

小学校低学年

石田恒好
山中ともえ
[編著]

図書文化

まえがき

　学習指導要領が新しくなり指導要録も改められました。新指導要録では，観点別評価の観点の数が三つに整理されたり，学校における働き方改革の一環として記述の簡素化がはかられるなど，いくつかの変更点が見られます。

　評価の基準である指導要録が改められると，その趣旨に沿って通信簿を改める作業が全国各地の学校で進められます。そして，一新された通信簿を作成し，記入して児童に渡すことになります。

　通信簿を作成，記入するときに多くの教師が口にするのは，「新指導要録の趣旨に沿って児童ごとに書き分けるのは大変です。優秀な先輩の記入例を見たいです」であり，渡すにあたっては，「すべての児童に適切な言葉をかけてあげたいです。参考になる本が欲しいです」という声です。

　こうした声に応えるために，本書の前身を刊行したのは1992年です。「この本のおかげで通信簿の記入がうまくいっています」「すべての児童に適切な言葉かけができます」と感謝の言葉が多く寄せられています。

　児童も保護者も，所見など文章で書かれているところは，必ず，しかも真剣に読むものです。それだけに，その書き方によって絶大な信頼を得ることもあれば，逆にまったく信頼を失う契機になることもあります。そこで，通信簿の機能を十分発揮でき，しかも児童からも保護者からも信頼されるように記入するための手順，留意点，児童の実態に即した記入文例などをわかりやすく示しました。また，通信簿の仕上げとなる渡すときの言葉かけについても指導要録の改訂に沿って改めました。通信簿を渡すときだけでなく日常の言葉かけとしても活用いただきたいです。

　なお，本書の編集にあたっては，「子どものよさを伸ばす」という基本姿勢を一貫させたつもりです。それが新しい評価観であるというより，通信簿本来のねらいであると信ずるからです。通信簿の記入や言葉かけにおいて，本書が先生方のお役に立つことを心から願っています。

2019年4月

編者

資質・能力を育てる
通信簿の文例&言葉かけ集

小学校低学年

第1部 解説編

- 通信簿記入までの手順 ……… 9
- １年生の通信簿 ……… 10
- ２年生の通信簿 ……… 11
- 所見文のチェックポイント ……… 12
- チェックポイントに基づくNG文例・表現例 ……… 13
- 課題を指摘する際の留意点 ……… 15
- 課題を指摘する所見文の書き方 ……… 16
- 長所発見の視点表 ……… 20
- 所見で使える表現一覧 ……… 24

第2部 文例編

- 本書（2019年版）の特徴 ……… 28

第1章 学習の所見文例

- 所見記入時の留意点 ……… 29
- 学習全体
  - ●学習成果 ……… 30
  - ●学習への取組み方 ……… 46
  - ●観点別にみた学力の特徴 ……… 70
  - ●学習習慣・家庭環境・その他 ……… 84

教科学習
- 評価の観点と文例の分類について ……… 95
- 国語 … 96　● 算数 … 98　● 生活 … 100　● 音楽 … 101
- 図画工作 … 102　● 体育 … 103

特別の教科　道徳
- 所見記入時の留意点 ……… 105
- 所見文例 ……… 107

第2章　行動・特別活動の所見文例

所見記入時の留意点 ……… 109

行動
- 基本的な生活習慣 ……… 110
- 健康・体力の向上 ……… 114
- 自主・自律 ……… 118
- 責任感 ……… 122
- 創意工夫 ……… 126
- 思いやり・協力 ……… 130
- 生命尊重・自然愛護 ……… 134
- 勤労・奉仕 ……… 137
- 公正・公平 ……… 140
- 公共心・公徳心 ……… 143
- その他 ……… 146

特別活動
- 学級活動 ……… 150
- 児童会活動 ……… 152
- 学校行事 ……… 153

第3章 特別な配慮を必要とする子どもの所見文例

所見記入時の留意点 ……… 155
- 学習面の困難がある ……… 156
- 行動面の困難がある ……… 162
- 対人面の困難がある ……… 166
- 通級指導や個別指導などを受けている ……… 168

第4章 子どもの状況別言葉かけ集

言葉かけの心得 ……… 169
言葉かけの基本 ……… 170
- 学習の様子から ……… 171
- 行動の様子から ……… 175

所見文例索引 ……… 179

第1部 解説編

● 通信簿記入までの手順

①子どもごとに，記入する内容を整理して，準備します
　一覧表や，ノート，ファイルなどに記入し準備します。大切な個人情報ですから，学校の規則に従って保管します。

②記入を始める前に，机の上を片付け，必要なものをそろえます
　筆記用具，ゴム印，定規，更紙，辞書など，必要なものをそろえてから始めます。そのつど立って気を散らさないで，集中するためです。

③机の上，使用するものをよくふき，手を洗います
　通信簿を汚さないための事前準備として行います。受け取った通信簿が汚れていては，保護者も子どももがっかりします。先生と通信簿への信頼が失われかねません。

④共通なものはゴム印を押します
　学校長の氏名，担任の氏名など共通なものはゴム印を押しますが，インクの濃度やムラに気を付けます。押印後は汚れを防ぐために，更紙をはさみます。

⑤心をこめて，丁寧に記入します
　保護者も子どもも，真剣に受け止めます。教師はこれにこたえて，心をこめて真剣に，文字は丁寧に記入しなければなりません。

⑥記入にあたっては，辞書を座右に置きます
　誤字，誤用があっては，保護者も子どももがっかりし，信頼を失いかねません。自信がない場合は，辞書で調べてから記入します。

⑦一覧表からの記入は，定規を当てて，ずれを防ぎます
　データを個人ごとにまとめていれば問題はありませんが，一覧表の場合は，ずれてほかの子どものものを書くことがあります。定規を使って防ぎます。

⑧記入が終わったら点検します
　完璧にできたと思ってもうっかりミスはあります。必ず点検します。

⑨校長・教頭・教務主任に点検してもらいます
　公的な文書のため，万全を期す必要があります。誤りがあれば修正し，押印してでき上がったものは，個人情報として金庫などで保管します。

● 1年生の通信簿

　通信簿は，学校と家庭をつなぐ架け橋です。入学後はじめての通信簿ですから，保護者にとってはわが子の学校生活・学習状況を客観的に，総括的に理解できるものとなるように，また，子どもにとっては，自分の学校生活を振り返り，意欲を高めるきっかけとなるようなものとします。

　そのために，遊びを中心とした幼児期の生活から小学校生活へ円滑に接続できるよう配慮されたスタートカリキュラムに基づいて指導し，その実現状況，がんばったことや伸びの様子を具体的にわかりやすく記述することが大切です。

　また，日頃から懇談会・学級便りなどを通して，保護者に学校生活や学習の内容を丁寧に伝えるようにし，1学期末までには，通信簿の見方や，通信簿を通して子どもとどのように関わってほしいかなどを説明する場を設け，評価の趣旨の徹底に努めます。

学期ごとの通信簿作成の配慮点

1学期
- 子ども一人一人のがんばったことや伸びた点を，日常的にメモしておく。
- 特に入学当初はきめ細かく状況を把握し，小学校生活や集団生活への適応の様子を伝えられるようにする。
- 早く学校生活に慣れるように担任として重点的に指導したこと，家庭に協力を求めることなどを具体的に記述する。

2学期
- 2学期のめあてや保護者の願いなどをしっかりと把握しておく。
- 2学期の学習や学校行事などで興味・関心を示したことやどんなことをがんばったか，集団生活で友達関係がつくれるようになっているかなど，細かく記録しておき，具体的に記述する。
- 冬休みに家庭で努力してほしい課題を伝える。

3学期
- 子ども一人一人の1年間の努力や伸びの様子を作品や事例を挙げて記し，子どもや保護者に具体的に伝えるようにする。
- 2年生へ進級する喜びと希望がわくように誠意を持って記述する。

● 2年生の通信簿

　学校生活に慣れてきた2年生は，徐々に自己中心性から抜け出して友達との活動の場が広がり，自主的な様子が見られるようになります。また，学習に対する得意・苦手意識も表れ始める時期です。それはまた，通信簿を見る保護者の対応によって，自分がどのように評価されているのかが気になってくる時期でもあります。

　そこで，保護者には，わが子の成長を確かめられる通信簿であり，子どもにとっては自分のよさがきちんと確認できる通信簿となるようにします。そのために，子ども一人一人の努力や成長の様子が具体的にわかる情報を多面的に収集し，それを的確に保護者に伝えられるようにし，ともに認め励ますことのできるような内容にすることが大切です。また，懇談会，学級便りなどを利用して，折に触れて情報発信し，学校生活のめあて・主な学習内容・評価計画などを保護者に十分知らせ，理解と協力を求めるようにします。

学期ごとの通信簿作成の配慮点

1学期
- 教科などの学習，生活・行動などのすべての面に着目して情報収集し，一人一人の伸びの様子をまとめる。子どもの意欲を喚起する記述を心掛ける。
- 夏休み中に取り組む活動や，克服してほしい課題などを具体的に知らせる。

2学期
- 1学期の指導と評価を踏まえ，その連続・発展から評価する。そのためにも，子どもの2学期の努力目標，保護者の願いなどを把握しておく。
- 2学期の学習，学級・学校生活，学校行事などでの場面で，意欲的であったことや努力したこと，小集団での協同的活動状況などを細かく記録しておき，認め，励ますように記述する。
- 冬休みの生活における努力点を話し合えるような課題などを知らせる。

3学期
- 1年間の学習・生活などで成長したこと，進歩した点を具体的に述べ，子ども一人一人が，その力を更に伸ばす気持ちになれるよう励ます。
- 3年生へ進級する喜びと自覚がわくように，期待と誠意を込めて記述する。

●所見文のチェックポイント

①人権を損なう表現や差別・偏見につながる表現になっていませんか
　身体的障害に触れたり心身の特徴を具体的に挙げたりする表現，偏見や固定観念にとらわれた表現は許されません。子どもや保護者の気持ちに配慮した記述を心掛けましょう。

②家庭に干渉したり，責任転嫁したりする表現になっていませんか
　不用意に家庭の事情に触れたり，教師が指導すべきことを家庭に求めたりすることは許されません。信頼を失い，家庭の理解・協力を失うことにもつながります。

③子ども・保護者にわかりにくい専門的な表現になっていませんか
　むずかしい言葉や教師間で使う専門用語，抽象的な表現では子どもはどう努力したらよいかわからず，保護者もどう協力したらよいかわかりません。

④教育観・学力観の誤り・思い上がりによる表現になっていませんか
　安易に教科に軽重を付けたり，自分の教育信念を押し付けたりしないよう注意します。謙虚さを忘れず，相手の心に届く表現を工夫しましょう。

⑤ほかの子どもと比べた表現になっていませんか
　通信簿は，子どもたち一人一人の努力と成長，励ましの記録です。ほかの子どもと比較して，無用の競争心・嫉妬心をあおることは慎みましょう。

⑥独善的，断定的で，冷淡な表現になっていませんか
　データよりも自分の感情を優先して書いたり，子どもの能力や性格を安易に，しかも断定的に表記したりすることは避けなければなりません。

⑦子どもの欠点を指摘するばかりの表現になっていませんか
　欠点の指摘だけでは子どもの力は伸びません。子どものよさや努力を認め，指導の方向性を伝えることで家庭の理解・協力を促しましょう。

⑧乱雑に書かれてはいませんか
　誤字脱字，乱雑な字，汚れがあっては，保護者も子どもも失望します。

● チェックポイントに基づくNG文例・表現例

①人権を損なう表現や差別・偏見につながる表現

- 言葉遣いに**女性らしさ**が感じられません。
- 友達から**ノッポ**と言われるのを……
- **お母さんが外国人のため**，語彙が少なく……

その他のNG表現例
- どもる ●おしのように ●背が小さい ●やせ ●太っている
- 体重が重い ●ぐず ●のろま ●外人 ●片手落ち ●ねこ背 ●だんご鼻
- がに股 ●父兄 ●音痴 ●色黒 ●いなか者 ●幼稚 ●にぶい
- 頭でっかち ●つむじまがり　など

②家庭に干渉したり，責任転嫁したりしている表現

- **ご家庭でのテレビ視聴やゲーム遊びに問題があり**，睡眠不足で授業中ぼんやりしていることが多いです。
- **家庭での予習・復習が不足しており，学習の定着が遅れています。**家庭学習の習慣が付くよう，家庭でも見てあげてください。

その他のNG表現例
- 基本的な生活習慣が身に付いていない ●家庭で身に付けるべきこと
- 過保護 ●過干渉 ●甘やかし ●温室育ち ●無理解 ●生育歴 ●放任
- 一人親 ●離婚 ●共働き ●しつけ不足 ●親の怠慢 ●鍵っ子　など

③子ども・保護者にわかりにくい専門的な表現

- 社会的事象への興味・関心が高く，**事象の意味を多面的にとらえます。**
- 学習態度が良好で，**学習意欲も旺盛**で，きちんとした生活態度です。
- 目的意識が明確であることが学習の理解につながっています。**心の余裕が出てくると更に確かな理解**を得られます。

その他のNG表現例
- 受容 ●学力観 ●評価の観点 ●技能の習得 ●課題解決学習 ●領域
- 動機付け ●態度化 ●情報モラル ●言語活動 ●キャリア教育
- 道徳的実践力　など

④教育観・学力観の誤り・思い上がりによる表現

- 音楽や図画工作の**技能教科**は意欲的に学習しますが，**肝心の国語**では集中力が続かず……
- 〜は**私の教育方針に照らして許せない**ことで……

その他のNG表現例
- ●主要教科　●基礎教科　●私の教育信念（私の教育観）では
- ●私のクラスでは認めていない　●私の経験にない
- ●担任の言葉に従えない　など

⑤ほかの子どもと比べた表現

- ●国語や算数の理解力は，○**さんに次いでクラス第2位です。**
- ●**友達が作品を仕上げているのに，**マイペースで作業を続けています。

⑥独善的，断定的で，冷淡な表現

- ●まるで活気がなく，授業中もいるかいないかわからないくらいです。もっとはきはきできるようにしたいものです。
- ●学習中，私語が目立ったり，落ち着きがなかったり**が原因で，**理解が不確かです。この点が直らない限り，学習成果は期待できません。

⑦子どもの欠点を指摘するばかりの表現

- ●何をするにも真剣さが足りません。授業態度にもむらがあって，成績の伸びもあまり見られません。
- ●作品を仕上げるのにとても時間がかかります。製作や作業が中途半端です。

● 課題を指摘する際の留意点

①できていない点を補う課題だけでなく，よくできる点を伸ばす課題も示します

　　課題というと，できていない点を補うためだけと考えがちですが，よくできる点を更に伸ばすための課題もあります。後者を先述すると，子どもも保護者も嬉しく，やる気につながりやすくなります。

②課題を示すだけでなく，必ず努力の仕方を示します

　　できていない点（課題）だけを示しているものがあります。これでは，子どもも保護者も嫌な思いをするだけで，今後，どのようにすればよいかもわかりません。どう努力したらできない点ができるようになるのか，努力の仕方をできるだけ具体的に示すことが必要です。

③よくできている点を示してから，課題と努力の仕方を示します

　　よくできている点をまず示すとうれしくなります。次に，できていない点を補う課題と努力の仕方を示しても，素直に受けとめ，努力する気になります。

④努力とその成果を書くようにします

　　その学期中に本人が大変努力し，その結果できていない点ができるようになったり，進歩したりした点などを書きます。課題に取り組むように促したり，励ましたりする効果があります。

⑤学習意欲や態度の向上について書くようにします

　　継続して課題に取り組むことにより，基礎的・基本的な内容の習得は徹底できます。そのためには，絶えず課題を意識して取り組む意欲，態度が必要です。学期中の意欲，態度の向上を進んで示すことで，意欲，態度を育成できます。

⑥子どもごとにデータをファイルし，書き分けます

　　課題は子どもごとに違い，努力の仕方も違います。子どもごとに書き分けるために「子どもごと」「単元ごと」にきめ細かいデータを収集しておきます。

● 課題を指摘する所見文の書き方

○学習成果が上がらない子

①いろいろなことに興味を持ち，どの教科も②意欲的に取り組んでいます。③この調子でがんばれば，必ず成績も上がってくることでしょう。

①どんなことに？
②どのように意欲的？
③成果が上がっていないのに……

添削後 学区探検でお店屋さんにたくさん質問をしたり，算数の問題では別の方法で解こうとしたりする意欲的な態度はすばらしいと思いました。そこで学んだことを，簡単に書き留めて振り返りができるように，ノートの取り方にも興味を持てるよう指導しています。

POINT 具体的に何ができているのか，明確にした上で，課題となっていることに対する指導方針を示す。

○努力が足りない子

①少し努力すればできる問題でも，すぐにあきらめてしまいやり遂げることができません。②家庭でも励ましてあげてください。

①教師の目にはそう映っても，本人にはまだハードルが高いのでは？
②漠然と励ませと言われても，困るのではないか。

添削後 算数の問題でわからない問題に出合うとすぐにあきらめてしまうことがありましたが，少しのヒントで「あっ，そうか。わかった」とすぐに計算に進められる理解力を持っています。問題が解けた喜びをたくさん味わわせていきたいと思います。

POINT 欠点を指摘しても，欠点を克服しようとする意欲はなかなか生まれない。教師の期待を伝えつつ，学習指導の方向を示したい。

○集中力に欠ける子

学習中は集中力に欠け，①なにごとも持続できず，②授業中も席を離れていることが多かったです。家庭でも最後までやり遂げる習慣を付けさせてください。

①ほんとうに「何も」ないのか？
②事実としては目に付いたのだろうが……

添削後 遠足の絵を描くことには集中して取り組み，好きな色を選びながら丁寧に仕上げることができました。今後も集中できているときを認め励ましながら，興味を持てるように声をかけていきたいと思います。

POINT 教師の目に付いていることをそのまま記述したのでは，指導にはならない。指導方針を明確にすることで，家庭と連携をはかった指導ができる。

○学習態度が消極的な子

学習内容は①だいたい理解しているようですが，②わからないことがあっても，自分から質問に来ることがありません。③より積極的に学習に取り組んでほしいと思います。

① 「だいたい……ようです」では，曖昧すぎ。教師の見取りが不十分と感じられる。
② 保護者は不安になる。
③ 消極的だから困っているのに。

添削後 課題に対しては，熱心に取り組み，一つ一つ確実に身に付けている様子が見られます。今後は，わからないことがあったら積極的に質問できるように，質問の仕方や確認の仕方を場に応じて指導していきたいと思います。

POINT 基礎・基本の確実な定着をはかれるようにすることが教師の務めである。欠点を指摘するのではなく，指導方針を明確にした記述をすべきである。

○忘れ物が多く学習に支障をきたす子

①忘れ物が多く，学習に支障をきたすほどです。②前日にご家庭で忘れ物がないか確かめてください。

① 教師による学習への意欲付けが不足していたとも言える。
② 確かめる手だては？

添削後 音楽の音遊びや図画工作の造形遊びでは，楽しみながら自分の思いを表現することができます。2学期は，楽器や材料，クレヨンなどの忘れ物がありました。確実にメモするよう指導し，少しずつ改善されつつあります。

POINT 子どものよさに着目しつつ，教師がどう指導しているかを記述する。また，このような課題は，学期途中から，面談などで具体的な指導方針を伝え，所見ではその成果を伝えるようにする。

○教科の好き嫌いが激しい子

教科の好き嫌いがはっきりしていて，①学習態度にむらがあります。このことが成績にも大変影響しているように思います。②やればできるのですから，努力してほしいと思います。

①むらでは実態が見えてこない。
②どのように努力すればよいかわからない。

添削後　算数の計算にはとても意欲的に取り組み，新たな問題にたくさん挑戦しました。いっそう正確にできるよう繰り返し学習に取り組めるようにしています。また，苦手意識のある国語では文章を読むときに語のまとまりに気を付けて音読できるよう，繰り返し練習するように励ましています。

POINT　現在，教師として子どもが成長するための課題をどのように見ているのか，明確に記述することで，保護者の信頼を得ることができる。

○時間にルーズな子

休み時間のチャイムを守ることができず，①いつまでも校庭で遊んでいることがありました。②家庭でも時間を守るように指導してください。

①授業を受けていないのを放置していた？
②家庭に押し付けることになる。

添削後　休み時間になると，落ち葉集めに夢中で時間を忘れてしまうこともありました。学校のきまりについて学級で話し合ってからは，友達同士で時計を気にしながら開始時刻を守れるようになってきています。

POINT　特に1年生などは，時間で区切られた活動スタイルには慣れていないこともある。どのように指導を進めているのか端的に知らせ，理解を得ることも必要である。

○おとなしい子

穏やかで控えめな性格から，①友達と争うことはめったにありません。もう少し②元気を出して友達と遊ぶようにしてほしいと思います。

①何度かあったということだろうか？
②物静かに過ごせることもよさの一つととらえたい。

添削後 本が好きで，休み時間にはよく読書しています。友達にもおもしろい本を紹介する機会をもちましたので，本をきっかけに，より多くの友達と遊べるように声をかけたいと思います。

POINT 友達と争うのを好まないことは，その子どものよさである。よい点を認められてはじめて友達と関わろうとする意欲につながる。

○集団になじめない子

休み時間になると，①いつも一人ぼっちでいることが多いようです。自分から声をかけて，友達をつくるようにするといいですね。

①この様子が学期末にわかった保護者はどんな思いだろうか。教師は何をしていたのだろうか？

添削後 休み時間は，よく私に家での出来事を話してくれました。初めは小さな声でしたが，だんだんと大きな声で楽しそうに話せるようになりました。ゲームなどを通して，友達とも遊ぶ機会を増やしたいと思います。

POINT 子どものよさを引き出しながら，学校でしかできない子どもの課題解決に目を向けて取り組む教師の姿勢を伝えるようにする。

○協調性に欠ける子

自己主張が強く，①友達とのトラブルが絶えません。また，友達とのきまりを守らないことも多いので，②友達から嫌われることがありました。

①日頃から家庭と連携を取って指導していても，冷たく響く表現。
②悪いと決め付けられている。

添削後 自分の意見をはっきり主張することができることは，すばらしいのですが，ときには，友達の意見をよく聞いて，友達のよいところを見付けられるように指導しています。

POINT 特別活動の内容を踏まえて保護者にもわかりやすく伝え，理解を得ることが大切である。

● 長所発見の視点表

視点	評価法	具体的なポイント
児童の すべてを認める （受容）	・観察	●まず大切なことは，児童一人一人の存在を認め，一人の人間として見ることである。教師は，児童が心身ともに成長し，将来を担う社会人としてりっぱに生きていくことを願っている。そのためには，児童のすべてを認めるという前提がまず必要である。
短所を長所に 置き換えて見る （発想転換）	・観察 ・自己評価 ・相互評価	●逆転の発想が大切で，長所はときとして短所になり，短所は考え方を変えればよさや長所にもなる。短所は目に付きやすいが，その短所をよい面に伸ばすような指導や助言を与えたり，その短所を長所に置き換えたりして，児童の長所を見出す。 ●例えば，活発であることが，授業中は騒がしいとの指摘を受ける反面，学級活動などでの話合いでは，積極的な発言が多く，全体の雰囲気をよくする場合もある。
集団の中で見る （集団抽出）	・観察 ・相互評価	●学校は集団生活を基本としており，児童は一人でいるときとは違って，集団を意識した言動になる。その児童が集団の中でどのように行動し，周りの児童からどのように見られているかなど，集団の中で児童をとらえて長所を見出す。 ●友達に対して，思いやりのある言動ができる児童や，集団活動の中でリーダー性を発揮する児童など，日頃見えない姿をとらえることができる。
客観的データから 見る （客観法）	・データ 分析	●学級担任が児童を主観的・恣意的にとらえることがあってはならない。そのためにも，客観的・科学的なテストを実施して，そのデータから児童を客観的に把握し，その中で長所を見出す。 ●定期考査，検定試験（英語，漢字など），知能検査，適性検査など。

視点	評価法	具体的なポイント
児童のレベルに立って見る（同レベル）	・観察	●教師は児童を教える対象としてとらえ，師弟関係，上下関係で見がちである。それでは長所が見えてこない場合がある。教師が児童のレベルになることで，その児童の長所が見えてくる場合がある。 ●児童の活動に教師が参加する，昼休みの時間に児童と一緒に遊ぶ，児童との雑談や共通の話題で話をするなど。
見る場を変えて，さまざまな場で見る（場面転換）	・観察	●授業，学校行事，児童会活動，係活動，クラブ活動などさまざまな場面があるため，学級担任は，すべての場面で児童を見ることはできない。そこで，できる限りいろいろな場面で児童を観察することに日頃から心掛けるとともに，学級担任は，ほかの教師からの情報提供，補助簿の活用，児童や保護者からの聞き取りなど情報収集に努める必要がある。
児童の作品，作文などを通して見る（業績・作品評価）	・作品分析 ・観察 ・自己評価 ・質問紙	●児童の教科での作品（図画工作科や家庭科の作品など），学校行事後の作文や学年の最初に書かせる作文などから児童の持っている長所を見出す。児童自身の特技や芸術的才能，そして児童の考え方，ものごとの見方，表現力などの長所を見出すことができる。 ●文化祭や学芸発表会などを通して，新しい発見がある場合が多い。教科の中で行う自己評価や，学級活動などで行う学期末や学年末に行う反省アンケートの資料も，外からでは観察のむずかしい児童の内面理解（特に，興味・関心・意欲など）に役立つ。
児童一人一人との面接や会話を通して見る（会話・面接）	・面接 ・聞き取り	●小学校は学級担任制であり，学級担任は，毎日学級の全児童と話すチャンスがある。日頃から児童との会話を大切にし，人間関係をつくることを大切にする。また，「いつでも，どこでも，誰とでも面接をする。相談を受ける」ことを心掛ける。児童にもそのことを周知し，さらに定期的に時間を設定して，面接をする。

視点	評価法	具体的なポイント
ほかの教師からの見方,とらえ方を知りそれらを通して見る（情報交換）	・相互評価 ・事例研究	●一人の学級担任の見方,とらえ方は,ともするとその児童の断片的で部分的な点しかとらえていない場合が多い。ほかの教師がとらえるものとはまったく違うこともある。そこで,教師間や学年会の情報交換を通して,児童を多面的にとらえる。一人の児童について,何人かの教師で話し合えば,気付かなかった側面や長所を知ることになり,その後の指導にも役立つ。
友達同士の相互評価を通して見る（相互評価）	・相互評価 ・質問紙	●児童にとって,友達との人間関係は重要である。相互の関係の中で,ほかの児童がその児童をどのように見ているのか,どのように評価しているのか,という観点からその児童の長所を見出す。 ●学校行事などへの取組みを通した「友達のいいところ探し」や,小集団での互いのよさについて伝え合う活動など。
児童の自己評価を通して見る（自己評価）	・自己評価 ・質問紙	●自分の長所を見出すことはむずかしいことだが,あえて自分のよさや可能性を自己評価させる。そこで挙げられた長所を教師として認め,受け入れて伸ばしていく。その際に大切なことは,「必ず,長所はある。長所がない人間はいない」ということを伝え,自分の長所を見つけ出させることある。 ●エンカウンターによる振り返り（シェアリング）やキャリア教育の自己分析カード,総合的な学習の時間における自己評価カード（ワークシート,感想文など）もこれに当たる。
これからの可能性ある一人の人間として見る（可能性期待）	・観察	●小学生という段階は,まだまだ人間的にも未熟なときである。どんなに短所ばかり見える児童でも,発達途中であり,将来どのような可能性があるかわからない。児童を一人の人間としてとらえ,いまの状態ではなく,長い目で見てその児童の将来的な可能性から判断して長所を見出す。

視　点	評価法	具体的なポイント
地域や家庭などの学校外の生活の中で見る （学校外発見）	・面接 ・聞き取り	●学校生活で目立たない児童でも，地域の中の活動を通してジュニアリーダーとして活躍していたり，家庭内でよく家族を手助けしたり，家庭学習を自主的に実践していたりと，学級担任が把握できないその児童の長所を発揮している場面がある。 ●地域の方との懇談の中や，保護者との面談を通して，その児童の長所を見出す。
一人の児童に注目し，総合的に観察して見る （事例研究）	・観察 ・記述分析	●観察する児童を一人と決めて，その児童の言動について，肯定的に観察する。いろいろな場面でどのように行動するのか，友達との関係はどうなっているのか，学校生活全般についてよく観察し，その児童の長所を見出す。
しかることよりほめることを通して長所を伸ばす （伸長）	・観察 ・行動分析	●児童の健全育成を目指すには，しかるよりほめたほうが効果がある。長所が見えにくい児童でも，日々の活動を通して少しでもほめる。そのことによってその児童が持っている長所が見えてくる場合がある。短所が長所として伸びていくこともある。
児童にさまざまな活動や場を与え，その中で児童の長所を伸ばす （場面発展）	・観察 ・相互評価 ・記述分析	●児童の長所を見出す方法として，計画的，意図的にいろいろな場面で活動の場・活躍する場を与えることがある。児童はそうした活動場面を通して，学級担任が考えていた以上のすばらしい活躍をすることがある。 ●学級活動，学校行事，係活動，児童会活動，日常の活動を通して，児童に自主的，実践的に活動する場面を与える。

● 所見で使える表現一覧

自信がない子・臆病な子

言い換え ●控え目 ●思慮深い ●慎重 ●用心深い ●冷静 ●自制心がある ●自分に厳しく高い目標を持っている

励まし ●失敗は成功のもと ●案ずるより産むが易し ●一歩踏み出して ●失敗を恐れず ●小さな目標から始めて ●勇気を出して

主体的でない子・消極的な子

言い換え ●協調性がある ●人の意見を大切にできる ●慎重 ●サポート上手 ●縁の下の力持ち

励まし ●目標を持って ●自分から率先して行動することも考えて ●自分の気持ちを大切に ●チャレンジ精神を持って

慎重さを欠く子・計画性のない子

言い換え ●スピーディ ●思いきりがよい ●ひらめきがある ●大胆 ●豪快 ●おおらか

励まし ●急がば回れ ●焦らずゆっくり ●備えあれば憂いなし ●見通しを持って ●一歩一歩着実に

移り気な子・集中力の続かない子

言い換え ●好奇心旺盛 ●行動力がある ●活動的 ●視野が広い ●フットワークが軽い ●軽やか ●柔軟性がある

励まし ●ちりも積もれば山となる ●千里の道も一歩から ●継続は力なり ●石の上にも三年 ●地道に ●コツコツ ●じっくり

頑固な子

言い換え ●一貫性がある ●たくましい ●自己主張できる ●意志が強い ●芯が通っている ●向上心がある ●自分の意見を持っている

励まし ●肩の力を抜いて ●友達の意見も尊重して ●ときには歩み寄って ●別の角度からもものごとを見て ●ほかの考えがないか自身で振り返って ●柔軟な姿勢で

すぐに感情的になる子

言い換え ●感受性豊か ●素直 ●正直 ●自分の意見を言える ●まっすぐ ●裏表のない

励まし ●落ち着いて ●相手の意見に耳を傾けて ●穏やかに ●一度立ち止まって ●短気は損気

授業中に騒がしい子・落ち着きがない子

言い換え ●元気がよい ●活発な ●のびのびしている ●素直 ●リラックスしている

励まし ●メリハリを持って ●目の前のものごとに集中できるように ●切替えができるように

明るい子・元気のいい子

[言い換え] ●朗らか ●明朗 ●快活 ●活発 ●陽気 ●気さく ●外交的 ●社交的 ●ユーモアがある ●いきいき ●活気がある ●エネルギッシュ ●バイタリティがある ●のびのびしている ●笑顔を絶やさない ●前向き ●友達と楽しく遊んでいる

勤勉な子・まじめな子

[言い換え] ●一生懸命 ●ひたむき ●計画的 ●一歩一歩 ●真剣 ●熱心 ●労を惜しまない ●努力家 ●頑張り屋 ●着実 ●まめ ●コツコツ ●課題意識・目標がある ●用意周到 ●几帳面 ●規則正しい ●きちんと ●けじめがある ●まっすぐ ●がむしゃら

主体性の高い子・リーダーシップのある子

[言い換え] ●自主的 ●自律的 ●自ら ●進んで ●率先して ●意欲的 ●面倒見がいい ●決断力・実行力がある ●人望が厚い ●先頭に立って ●頼もしい ●頼りになる ●人を引っ張って ●堂々

責任感のある子・粘り強い子

[言い換え] ●地道 ●コツコツ ●根気強い ●ひたむき ●持続力がある ●むらなく ●我慢強い ●くじけない ●全力を尽くす ●最後までやり遂げる ●あきらめない ●七転八起 ●妥協しない

意志の強い子

[言い換え] ●自制心がある ●周りに流されない ●左右されない ●信念がある ●自己主張できる ●初志貫徹 ●芯が通っている

温和な子・寛大な子

[言い換え] ●やさしい ●穏やか ●なごやか ●温厚 ●落ち着いている ●ものごとにとらわれない ●おおらか ●心が広い ●包容力がある

親切な子

[言い換え] ●やさしい ●温かい ●思いやりのある ●親身になって ●人に尽くす ●相手の立場になって考えられる ●気遣いできる

公平な子

[言い換え] ●公正 ●公明正大 ●正義感が強い ●視野が広い ●フェアプレー ●思慮深い ●分別がある ●多面的に考えられる

礼儀正しい子

[言い換え] ●気持ちのよいあいさつができる ●ルールを守れる ●言葉遣いが丁寧 ●律儀 ●規則正しい

発想が豊かな子

[言い換え] ●臨機応変 ●独創的 ●ユニーク ●柔軟 ●視野が広い

第2部 文例編

1. 学習の所見文例
2. 行動・特別活動の所見文例
3. 特別な配慮を必要とする子どもの所見文例
4. 子どもの状況別言葉かけ集

本書(2019年版)の特徴

　通信簿作成の第一義は学習の充実です。その学期における学習状況や成績などを保護者や本人に知らせ，進歩の状況や長所，短所などの確認を促し，今後の学習への動機付けや，学習に効果的に取り組むためのヒントを与えます。

　いっぽうで，教員の多忙化が叫ばれ，評価業務の効率化が課題です。今般，中央教育審議会『児童生徒の学習評価の在り方について（報告）』において，「各学校の設置者が様式を定めることとされている指導要録と，各学校が独自に作成するいわゆる通知表のそれぞれの性格を踏まえた上で，域内の各学校において，指導要録の『指導に関する記録』に記載する事項を全て満たす通知表を作成するような場合には，指導要録と通知表の様式を共通のものとすることが可能である」との見解が示されました。

　指導要録と通信簿の様式を共通化することは，教員の負担軽減につながるでしょう。ただし，二者の内容の一貫性を検討する際には，「観点別学習状況の評価を通信簿にどう記述するか」という視点が欠かせません。

　そこで本書は，今回の改訂版において，観点別学習状況に基づく文例の分類を更に強化しました。今版のおもな特徴は以下のとおりです。

○ 特に意識させたい資質・能力に見合った，文例を選択できます
○ 児童の様子，活動場面に応じて，文例を選択できます
○ 評価観点別に文例を選択でき，指導要録と通信簿の一貫化に役立ちます

　なお，観点別評価に十分に示しきれない，児童一人一人のよい点や可能性，進歩の状況などについては，「日々の教育活動や総合所見等を通じて積極的に子供に伝えることが重要」という中央教育審議会『論点整理』の説明を踏まえ，「行動」（第２章）や「特別な配慮を必要とする子ども」（第３章）の文例，また「言葉かけ集」（第４章）の中で紹介しています。

参考文献：　中央教育審議会（2015）『教育課程企画特別部会における論点整理』
　　　　　　中央教育審議会（2019）『児童生徒の学習評価の在り方について（報告）』
　　　　　　無藤隆・石田恒好編著（2010）『新指導要録の解説と実務』図書文化

第1章 学習の所見文例

所見記入時の留意点

❶ 子どもや保護者に伝えたいことを日頃から収集し記録しておきます

　子どもや保護者に伝えたい情報やエピソードは，ふだんから記録しておきましょう。「よいところが一つもない子ども」は存在しません。個に応じた指導を丁寧に行い，子どものよさを引き出しておくことが大切です。

❷ 子どものやる気を引き出すようなエピソードを中心に記述します

　子どもの記録の中から，子どもが最もやる気になるようなエピソードを選び，通信簿に記述します。具体的なデータを添えると説得力が増します。「さすが先生，目の付け所が違う」と言われるようになりたいものです。

❸ 課題を記述する際は，指導の方向性，家庭学習などのポイントを示します

　成果が不十分で再チャレンジが必要な課題について記述する際はまず，学校として考えている今後の指導の方向性を示します。その上で家庭学習等のポイントを伝え，教師がともに学び，全力で支援を続ける姿勢を示します。

❹ 一人一人の子どもの努力や進歩の状況を記述します

　個人内評価（その子どものよい点や可能性，進歩の状況についての評価）をし，そこから得られたその子どものよさを通信簿に表現します。1学期は学期中の変容の様子を，2学期，3学期は，学年当初の子どもの姿を基準にして現在の姿を記述すると，努力や成長の様子をうまく伝えることができます。

❺ 観点別評価の「主体的に学習に取り組む態度」に着目します

　指導要録の観点別評価は，「知識・技能」「思考・判断・表現」「主体的に学習に取り組む態度」の3観点をもとに行います。「主体的に学習に取り組む態度」については，「学習目標を自ら立てていたか」「進め方を見直しながら学習していたか」など，意思的な側面をとらえて評価し今後の学習につないでいきましょう。

❻ 子どもごとに書き分け，記述した文章は記録に残します

　子どもは，通信簿を見せ合います。また，家庭では，通信簿を長年にわたり保管し大切に扱います。本人の過去の通信簿や兄弟姉妹の通信簿と比べて「○先生は，いつも同じことばかり書いているね」と言われることのないよう，記述した文章は記録しておき，今後の参考として活用しましょう。

習全体

学習成果 ▶ 学習成果が十分上がっている

 子どもの様子
学習成果も学習態度も良好な子

[所見文例]

- 自分の意見を理由とともに明確に話すことができます。文章で自分の考えを書き表すこと，記録にまとめることが得意で，大きな自信となっています。来学期は班活動で更に積極的に意見を出せるよう，指導します。
- 友達の発表に熱心に耳を傾け，自分の意見に取り入れています。ノートの取り方も丁寧で，得意な絵を自分で書き加えるなどの工夫をしています。来学期は，絵本への興味を生かして，読書を勧めていきます。

 POINT

学習時の姿勢や家庭学習の取組み方，テスト結果の伸びなど，個に応じた具体的なよさを記述し評価する。子どものよさを更に伸ばすため，新たな視点も提示する。

 子どもの様子
探究心が旺盛で授業に積極的に参加している子

[所見文例]

- 生活科で植物の観察を行ったことを契機に，登下校中に草花を見付け，その話をよくしてくれます。ご家庭でお子さんの話を聞いてくださっていることが，探究心の育成につながっています。
- 国語ですばらしい音読を発表し，クラスで拍手が起こりました。ご家庭で一緒に何度も練習してくださったことが自信につながり，ほかの学習への意欲も高まっています。○さんのよさを生かした指導を続けていきます。

 POINT

知的好奇心を発揮し，さまざまな学習に積極的に取り組む様子を具体例で伝え，評価する。

学習成果 ▶ 学習成果が十分上がっている

子どもの様子
進んで調べようとする子

[所見文例]

◆ 生活科では「ダンゴムシについて調べました」「図書館でプチトマトの栽培の絵本を読みました」と前向きな言葉を笑顔で話してくれます。今後も，すべての活動の基盤となる学習意欲を大切に育てていきます。

◆ 国語で「おおきなかぶ」を学んだ後，友達と図書室に行き，絵本を探して読み比べていました。このような姿勢はどの学習においても重要です。更に意欲を高めるため，辞書の引き方なども指導していきます。

POINT

自学自習が学力向上の基礎であり要となることを示す。具体的な学習場面などを取り上げ，自主的な**姿勢**が身に付いていることを評価する。

子どもの様子
学習成果は上がっているが，学力に自信のない子

[所見文例]

◆ 家庭学習の成果が表れ，計算ミニテストでは連続して満点を取りました。なにごとにも集中して取り組み，粘り強くやり遂げ，着実に成長しています。お子さんがご家庭で学習に取り組んでいるときは励ましの一言をお願いいたします。

◆ 学習態度が良好で，努力の成果が宿題の内容やテストの結果などにも表れてきています。来学期は，自分の意見を積極的に発表できるよう指導していきます。成長の姿をご家庭でもほめてあげてください。

POINT

成長した点を具体的に伝え，自尊心を高めるとともに今後の指導方針を提示する。家庭に協力を求める点は，実行しやすいよう，わかりやすく具体的に提案する。

学習全体

学習成果 ▶ 学習成果が十分上がっている

[子どもの様子]
意欲的だが人の話をあまり聞かない子

[所見文例]

- すべての学習において、自分の意見を主体的に述べることができます。生活科のグループ活動では、発表が不得手な友達に自分から声をかけて、意見を引き出しまとめることもできるようになりました。今後も友達との関わりを深めていきましょう。
- どんな教科にも積極的に挑戦し、成績が伸びています。国語の時間に「〇さんの発表で主人公の気持ちがわかりました」と友達の学びを認める発言をし成長を感じました。友達の考えを参考にすることで学習がより深まっていきます。

POINT

意欲があることや積極的な点を十分に評価する。その上で友達との関わりの中で自分自身を振り返ることで学びがより深まることにも気付くよう促していく。

[子どもの様子]
応用力を伸ばすことで学力向上が期待できる子

[所見文例]

- 授業や宿題に一所懸命に取り組み、学習内容を確実に身に付けています。今後は自分の意見をまとめ、わかりやすく表現する力を培っていきます。自分の考えに自信を深めることにより、更なる成長が期待できます。
- すべての教科にまじめに取り組み、確実に知識と理解を深化させています。来学期は、今学期までの学習を通して得た知識を活用し、思考力や応用力を伸ばす機会を増やしていきます。

POINT

学習の成果が表れていることを評価する。その上で習得した知識や技能をもとに思考力・判断力などを伸ばすことで更なる成長が期待できることを伝える。

学習成果 ▶ 学習成果が十分上がっている

子どもの様子
知識は豊富だが，生活体験の幅が狭い子

[所見文例]

- 生き物が好きで知識も十分にあり，友達から憧れられています。今期はクラスの「生き物係」になり，ザリガニの世話を熱心に行いました。実際に世話をしたことで生き物へのやさしい気持ちが深まりました。今後も見守っていきます。
- 読書から得た豊富な知識を楽しく話してくれるため，友達から信頼されています。来学期は体験学習などで○さんの知識を生かせるようサポートします。ご家庭でも手伝いなどを通して，体験の機会を増やしていただきたいです。

 POINT

知識が豊富なことを称賛しつつも，知識偏重にならないよう，体験から得られる学びの大切さや意義を伝える。家庭の協力も得られるよう，具体的な提案を行う。

子どもの様子
知的に優れているが，力を出しきれない子

[所見文例]

- 知識が豊富で発言も活発です。いっぽうグループ学習や体験学習では受け身になる傾向が見られました。今後は能動的に学習する楽しさや気付きを十分に味わわせ，持っている力を更に引き出していきます。
- 読解力や理解力があり，自分の考えを明確に話す力も持っています。これらの力を生かすためには，根気強さが大切です。植物の観察やグループ学習などさまざまな場面で粘り強く取り組めるよう指導し，○さんのよさを伸ばしていきます。

 POINT

まず，知的に優れている点を評価する。更に伸ばしていきたいこととして，学習の過程や，体験を通して学ぶ重要性を挙げ，今後の指導の方向性を伝える。

学習全体

学習成果 ▶ おおむね学習成果が上がっている

[子どもの様子]
努力の積み重ねにより学習成果が上がっている子

[所見文例]

- 計算ドリルを毎日続けました。生活科のグループ学習では，問題解決に向けて友達との協力を重ねていました。今後も前向きな姿勢を持ち続け，さまざまな学習に取り組んでほしいです。期待しています。

- 目標の達成に向け，すべての教科において，努力を積み重ねました。国語科の学習の成果をもとに，生活科で取り組んだインタビュー活動では，地域の方から評価され，友達からも大きな拍手を送られました。

 POINT

日々の努力や取組みを具体的に記述し，その姿勢を評価する。異なる場面や分野においても力を発揮できるよう，期待していることを伝えるなどして更に意欲を高めていく。

[子どもの様子]
体験的な学習に意欲的に取り組んでいる子

[所見文例]

- 生活科の地域探検では，インタビュー活動やマップづくりに意欲的に取り組みました。来期は，体験学習をノートにまとめる方法を指導します。家庭学習としては，一言日記などを勧めています。

- 野外での学習や活動に熱心に取り組み，ほかの友達をリードする活躍ぶりでした。これからも○さんの好奇心を大切にし，本人と相談しながら興味・関心のあることを家庭学習のテーマに設定していく予定です。

 POINT

体験を通して学んだ知識は定着しやすいことを念頭におき，今後の学習成果を上げるためのポイントを伝える。本人が自分で取り組める内容も示していく。

学習成果 ▶ おおむね学習成果が上がっている

子どもの様子
家庭学習の習慣が身に付いている子

[所見文例]

✎ 家庭でも鍵盤ハーモニカを繰り返し練習し、友達に教えられるまで上達しました。この経験が自信となり、随所で積極的な姿勢が見られます。意欲的な姿勢を維持・向上できるよう、声かけを行っていきます。

✎ 家庭学習の習慣がしっかり身に付いています。漢字や計算ドリルに取り組む目標を自分で決め、やり遂げることができました。成果が表れ、国語や算数の成績が伸びています。この調子です。ご家庭でも見守ってください。

 POINT

基礎学力の定着をはかるためには、家庭学習の習慣が大切であることを伝える。成果が表れている具体的な場面を示すことで、家庭からのいっそうの協力を得る。

子どもの様子
やればできるのに意欲が続かない子

[所見文例]

✎ 発想力が豊かで、グループ活動が行き詰まったときに、新たな展開を提案してくれました。更なる成長のために体験的な学習の工夫をし、根気強さや最後までやり遂げる力を身に付けられるよう指導します。

✎ 読解力に優れ、国語の発表や音読が楽しいと話してくれます。努力の積み重ねを必要とする算数のドリルや鍵盤ハーモニカの演奏においても、課題を達成する喜びを味わえるよう指導を続けていきます。

 POINT

よい点を評価した上で改善する必要がある点や、子どものやる気を育てる方策を、具体的に示す。「やればできる」「もったいない」など、断定的な記述は避ける。

> 学習全体

学習成果 ▶ おおむね学習成果が上がっている

 子どもの様子
知識や技能に加え，思考力や表現力をはぐくむ必要がある子

[所見文例]

- 日々のドリル学習により，算数の基礎となる計算力を身に付けました。やや苦手意識がある文章題については，グループ活動の時間に身近にある具体物を使って考える機会を設けながら，指導していきます。

- すべての学習の基本となる「読み・書き・計算」の基礎が，ほぼ身に付いています。今後は学んだことをほかの教科で生かしたり，日常生活と結び付けて考えたりできるよう，○さんの気付きを生かした支援を続けます。

 POINT

まずは知識や技能が定着している事実を評価する。次に授業中の学び合いや学習の過程も大切であると伝える。さらに今後の指導方針を示す。

 子どもの様子
発想力が高いが，知識・技能の定着が必要な子

[所見文例]

- 発想が豊かで，どの授業においても活発に発言していました。テスト直しの場面では，間違いを振り返りながら，地道な努力を重ねることの重要性を伝えています。○さんの持ち前のよさを大切にしながら，今後も指導を続けていきます。

- 柔軟な発想力を生かしていつも楽しそうに学習しています。更に力を伸ばすためには，ドリル学習を継続するなど，基礎・基本を大事に学習に取り組むことが必要です。わかるようになるまで時間をかけて練習する機会を設定し，指導を続けます。

 POINT

努力した点を具体的に評価する。今後，更に成長するために必要なことを伝え，子どもが自ら課題に取り組んでいくよう促していく。

学習成果 ▶ おおむね学習成果が上がっている

子どもの様子
現状の自分に満足している子

[所見文例]

- 学習態度がよく，すべての教科において成果が上がっています。学んだことを生かせるよう，一段高い目標を立て努力を重ねると，更なる成長が期待できます。来学期は，発表する力に重点を置き，指導していきます。
- 学習の基礎が確実に定着しており，算数や国語のテストにその成果が表れています。今後の課題は，基礎的な知識や技能を活用し，応用問題を解けるようにすることです。グループ学習などで更に学びを深められるよう，指導を続けていきます。

 POINT

すべての教科で平均的な成績を収めている現状を評価する。次なる目標を具体的に示し，自分のよさを更に発揮しようとする意欲を高める。

子どもの様子
基礎・基本の力があり，能力以上の目標設定をしない子

[所見文例]

- 音読練習や各教科のドリル学習などにまじめに取り組み，基礎・基本の知識や技能を十分身に付けています。今後は，これらの力をほかの教科の学習や生活でも生かせるよう，指導していきます。
- 人の話をよく聞き，制作活動にも一所懸命取り組んでいます。各教科の基礎・基本を確実に定着させ，成績も向上しています。これらの力を活用し，より深く考えたり工夫したりする力を育てていくためにはどんな目標を設定するとよいか，一緒に考えていきましょう。

 POINT

低学年の段階では，基礎・基本の定着が欠かせない。身に付けた力を活用することにより，思考力や表現力が高まっていく可能性があることを伝え，意欲を高める。

学習全体

学習成果 ▶ 学習成果が不十分

子どもの様子
努力に見合った学習成果が上がっていない子

[所見文例]

- 一所懸命に授業に取り組み，休み時間も使ってノートに学習をまとめています。今後も，「授業中にわからなかったことには印を付け，すぐに質問する」などの取組みを続けるよう指導し，学習の定着をサポートしていきます。

- 自ら学ぶ意志があり，授業中も積極的に挙手します。更なる成長を遂げるためには，反復練習が必要です。家庭で取組みを始めた自主学習によって，ゆっくり，確実に学習成果が上がっています。

POINT

状況を具体的に記述し，現時点での成果や取組みの姿勢を評価する。努力を重ねた分の手応えを持てるよう，来期以降の取組みを示し，激励する。

子どもの様子
自分のよさに気付いていない子

[所見文例]

- 家庭学習の状況から，理解力を十分に持っていることがわかります。学校では，最後まで粘り強く学習に取り組むよう指導しています。得意分野を増やし，わかる喜びやできる楽しさを味わう経験を増やしていきます。

- 生活科ではおもちゃを熱心につくっていました。○さん独自の工夫が光るすばらしい仕上がりで，友達から高い評価を得ました。ほかの場面でも，○さんの発想力や粘り強さを生かし，努力することの楽しさや自信を深められるよう支援します。

POINT

潜在的にどのような力を持っているかを知らせる。提示した課題から取組みを始めさせ，少しずつ自分自身で努力する体験を積ませていくことを，指導の方針として伝える。

学習成果 ▶ 学習成果が不十分

 子どもの様子
集中が続かず,思うように理解が進まない子

[所見文例]

🖋 お花係として,毎朝必ず,花の水やりをしています。このような継続する力や集中力は,学習においてもよい成果を導きます。○さんの興味・関心に応じた指導を工夫し,学習面での集中力を高めていきます。

🖋 友達思いで誰にでもやさしく接しています。いっぽう,授業中にも友達が気になり,学習への集中力が途切れることがありました。声かけをして意識させ,最後まで集中してやり遂げる経験を積めるようサポートします。

 POINT

長所を評価しつつ,更に集中力を高めていく必要があることを確認する。それにより,本来持っている力が発揮され,意欲が高まり理解も深まることを伝える。

 子どもの様子
学習作業に時間がかかる子

[所見文例]

🖋 計算方法をよく理解し,わからない友達に教えてあげることができます。ドリルの応用問題では,時間がかかってしまい力を発揮できないことがありました。設定した目標タイム内に活動を終える練習を行っています。

🖋 字をとても丁寧に書き,書き方の大会では時間をかけて見事な作品を書き上げました。今後の課題としては,決められた時間内に活動を終えることが挙げられます。個別に目標タイムを定め,達成できるよう指導しています。

 POINT

まず,丁寧に作業できていることを認め評価する。さらに決められた時間内に成果を上げることの必要性も伝え,徐々に両立して取り組めるよう,指導を続けることを伝える。

学習全体

学習成果 ▶ 学習成果が不十分

[子どもの様子]
理解するために時間がかかり，自信を失っている子

[所見文例]

- 時間はかかっても，自分の力で正答を導き出すことができています。グループ活動でも自分の意見を上手に説明し，友達から評価されました。時間内に解答しなければならないテストにおいても力を発揮できるよう，指導を継続していきます。
- 理解には多少時間を要しますが，記憶力がよく，一度覚えたことは基礎知識として定着しています。あせらず，無理のない自身のペースで学習しながら，少しずつ理解の速度も上げていきましょう。

POINT

時間がかかっても確実に理解できていることを知らせ，安心してもらう。その上で，少しずつスピードも上げられるよう励ましながら指導することを伝える。

[子どもの様子]
効率的な学習方法が身に付いていない子

[所見文例]

- 漢字の書き取りを日々継続して行っています。几帳面で，間違いに気付くとすべてを書き直すなど，時間をかけ過ぎてしまうことがあります。間違えたところに絞って復習するなど，視点を変えて課題に取り組めるよう一緒に努力していきましょう。
- どの学習にもまじめに取り組んでいます。特に，図画工作は得意で，教科書と同じ作品をつくろうと懸命に努力しています。自分の創造力に自信を持ち，作品を自由につくる楽しさを味わえるよう，指導を行っていきます。

POINT

一所懸命に取り組んでいることを認め，評価した上でそれぞれの事柄にはポイントがあることを示し，継続的に支援することを伝える。

学習成果 ▶ 学習成果が不十分

子どもの様子
友達や教師への依頼心が強い子

[所見文例]

- 「先生どうしよう」「先生一緒に考えて」と相談してくれます。状況に応じて問い返し、自立心が育つような関わり方を心掛け、自分で判断・行動できるように導いていきます。ご家庭でも見守ってください。
- 授業態度はまじめで、着実に力を付けています。困難な課題については、自分には無理と決め付けてしまう傾向があります。持っている力を引き出し、自信を持たせ、自分で考える習慣が身に付くよう指導します。

 POINT

将来的に自立心をはぐくむことができるよう、常に意識して関わっていることを知らせる。保護者の協力を得ながら、更なる成長に向け指導する方針を伝える。

子どもの様子
テストの点数に自己肯定感が左右される子

[所見文例]

- テストでよい成績を取った科目について、意欲的に学習を続けています。いっぽう、テストで結果を残せないと、次の学習への意欲を高めるのに時間を要します。テストで間違った問題がわかるようになるまで学習することが大切です。○さんに合った課題を用意して、支援を続けていきます。
- 書写や音読の学習に熱心に取り組み、友達からその上手さを認められています。得意分野に磨きをかけることにより、苦手意識を持っている他教科に挑戦する気持ちや態度をはぐくんでいきます。

 POINT

得意とする学習や活躍している状況を認め、評価する。本来、その子ども自身が持っているよさや可能性を認め、自己肯定感を高める。

学習全体

学習成果 ▶ 学習成果に偏りやむらがある

 子どもの様子
不得意な教科を克服しようと努力している子

[所見文例]

- 自分で目標を決めて漢字学習に取り組んだ結果，書くことに対する苦手意識を払拭することができました。その結果，読書にも関心が高まり，国語が得意と言えるまで成長を遂げました。
- 学習発表会に向け，苦手なセリフの暗記を繰り返しました。当日は大きな拍手が起こり，本人も満足感を覚えていました。なにごとにも挑戦する姿勢を身に付けることができた〇さん。これからの挑戦にも期待しています。

 POINT

不得意な教科に自ら取り組み努力した過程と，その結果生まれた成果を評価する。指導の方向性を伝え，学習意欲が更に高まるよう励ます。

 子どもの様子
得意教科・不得意教科の差が大きい子

[所見文例]

- 歌が得意で，音楽の授業に意欲的に参加しています。苦手意識のあった国語では音読を契機に読書への関心が高まり，図書室で本を探すようになりました。関心を持てる分野で活躍できる場面を設定し，学習への意欲を高めていきます。
- 図画工作が大好きで，粘土や工作を楽しんでいます。音楽には，苦手意識があるようですが，表現するという意味では共通点が多くあります。自由な発想を生かすことができる場面を設けて音楽への意欲も引き出していきます。

 POINT

まず，得意な教科への積極的な態度を評価する。次に子どもの興味・関心を生かして苦手意識を持つ教科についても少しずつでも改善できるよう，具体的な方策を伝える。

学習成果 ▶ 学習成果に偏りやむらがある

[子どもの様子] 運動への苦手意識のある子

[所見文例]

✏ 休み時間に，鬼ごっこや長縄で元気よく遊んでいます。鉄棒の学習では苦戦していましたが，友達のアドバイスを受け，あと一息の所まで上達しています。一緒に練習をして，技を完成させましょう。

✏ 学期始めには運動への苦手意識がありましたが，運動会を契機に，協力して勝敗を競う運動の楽しさを味わい大きな成長を遂げました。高まった意欲を体育のさまざまな種目やほかの教科の学習にも生かせるよう，指導を続けていきます。

 POINT

運動に対する今学期の成果を認め評価する。苦手意識のある種目でもコツをつかんだり繰り返し練習したりすることで，成長する可能性があることを伝え励まします。

[子どもの様子] 教科の得意・不得意を自分で決め付けている子

[所見文例]

✏ 図画工作や音楽での表現力が豊かです。この表現力を生かすことにより，生活科の物づくりや国語の音読で活躍する可能性を十分に持っています。○さんに合った課題を用意しますので，一緒に挑戦していきましょう。

✏ 国語では，友達から「○さんの意見が聞きたい」と言われるほど，豊かな発想できらりと光る意見を発表しています。この表現力を生かし，苦手意識のある音楽にも挑戦できるよう働きかけをしていきます。

 POINT

得意教科での成果を認めた上で，可能性は無限であることを踏まえ，なにごとにも挑戦する大切さを確認する。子ども自身や保護者が気付いていないよさを見出せるよう支援する。

> 学習全体

学習成果 ▶ 学習成果が上がった／下がった

 子どもの様子
どの教科においても，大きく成長した子

[所見文例]

- どの教科においても，成果が着実に上がっています。自分で目標を立てて，それに向かって日々努力した結果です。○さんの得意な○○に磨きをかけ，得意分野を広げていきましょう。
- 主体的に課題設定をし，自ら調べて考えを深める学習習慣が身に付いたことで，成績を伸ばしています。今後もこの積極性をさまざまな学習に生かし，自分の得意分野を増やすとともに，新しい課題を一緒に考え，挑戦を続けていきましょう。

 POINT

まず，本人の努力を高く評価する。その上で大きく成長した理由を明らかにし，今後の更なる成長を遂げるための手掛かりとする。

 子どもの様子
飛躍的に力を付けた教科がある子

[所見文例]

- 生活科での町探検を通して，大人へのインタビュー方法や調べたことのまとめ方を学び，すばらしい発表を聞かせてくれました。体験を通して身に付けた力は，多方面に役立てることができます。生活科の学習を通して得た自信を更に深めていきましょう。
- ドリル学習を積み重ね，計算力を身に付けました。このことを契機に算数を学ぶ楽しさを味わい，取組み姿勢にも真剣味が増しています。ほかの教科にも主体的に取り組むなどよい影響が出ています。

 POINT

これまで苦手意識を持っていた教科を克服したがんばりを認め，評価する。今後更に努力するポイントを示し，他教科にもよい影響を与えられるよう，意欲を引き出す。

学習成果 ▶ 学習成果が上がった／下がった

子どもの様子
全体的に急に成績が下がった子

[所見文例]

✎ 友達との関係に悩んだ時期があり，授業に集中することがむずかしく，本来の力を発揮することができませんでした。学期の終わりには問題が解決し，得意な体育で大活躍するなど，元気な笑顔が戻ってきています。今後も見守ります。

✎ インフルエンザ罹患による長期の欠席があったため，積み重ねを要する教科の復習をする必要がありましたが，放課後の個別学習を通して取り戻してきています。今後も一緒に努力を続けていきましょう。

POINT
成績が下がった原因を分析し明らかにする。今後，どのような方策を持って取り組むのが有効であるか，改善案を提示し，意欲を引き出すようにする。

子どもの様子
成績が下がった教科がある子

[所見文例]

✎ 考えを深めるとっかかりがつかめず，考えをまとめて発表する学習に，苦手意識がありました。音読カードに一言感想を書く学習を続けると，話の世界をイメージしやすくなります。本来持っている豊かな想像力を国語でも発揮していきましょう。

✎ 体調が優れず欠席が続き大変でしたね。一旦は理解した引き算への理解があやふやになりましたが，個別に練習すると，記憶が蘇り問題も解けるようになります。あせることなく一つずつ補っていきましょう。

POINT
原因を分析し，具体的に説明する。改善の方策をわかりやすく伝える。本人のよさを認め，意欲をなくさないよう配慮する。

学習全体

学習への取組み方 ▶ 意欲・積極性

[子どもの様子]
好奇心・探究心が旺盛な子

[所見文例]

- 好奇心旺盛で、疑問点を主体的に解明しようとする行動力を持っています。生活科の地域の人々について調べる学習に積極的に取り組み、身の回りで自分の生活を支えてくれる方々の存在に気付きました。この前向きな姿勢を続けることで更なる成長につながります。

- ミニトマトの栽培では「大きく成長してほしい」「たくさん収穫したい」などの願いを叶えようとさまざまな工夫を考えました。気付いたことを紙芝居にまとめ、幼稚園児に披露し好評を得ました。

POINT

好奇心・探究心がよい方向に発揮され、学習によい影響を与えている様子を具体的に知らせる。これらの力を活用することにより、多方面での活躍が期待できることも伝える。

[子どもの様子]
不得意な教科に対する学習意欲がわいてきた子

[所見文例]

- 学芸会でむずかしいセリフの多い先生役に挑戦しました。セリフの暗記や練習が音読への苦手意識の払拭につながり、国語への取組み姿勢が積極的になりました。努力の成果が実を結び、今後ますますの活躍が期待できます。

- 苦手だった竹馬を休み時間や放課後にも練習し、校庭を一周できるようになりました。体を動かす楽しさを知ったことで友達関係の輪が広がり、ほかの教科での積極性も増しています。

POINT

苦手意識を持っていた学習に対して努力を重ね、意欲が高まってきたことを評価する。さらに意欲を維持・向上させ、確かな力として定着するよう激励する。

学習への取組み方 ▶ 意欲・積極性

子どもの様子
授業にまじめに参加している子

[所見文例]

- グループ学習において，自分の役割に責任を持ち，最後までやり遂げることができます。自分が真にやりたいことを見付けられるよう，複数の選択肢から自分で選び決定する経験を積ませ，主体性をはぐくんでいきます。

- 学習態度は良好で，手際よく作業し，宿題や作品なども丁寧に仕上げています。今後は学習する中で生まれた疑問を追究し，自主的に考える力を育てていきます。更なる成長が期待できます。

POINT

まず，与えられた課題に対して，真摯に取り組んでいるという長所を評価する。次に，自主的に課題を設定できるよう手掛かりを提示し，実践への意欲を高める。

子どもの様子
やればできるのに，意欲が続かない子

[所見文例]

- 途中であきらめることがないように働きかけています。自分の目標タイムを目指して走る体育の学習ではピタリ賞を獲得し，意欲が一気に高まりました。この経験を他教科でも生かせるよう，指導を続けます。

- 発想力が豊かで，本質をとらえた意見を発表してくれます。更に継続して努力する習慣を身に付けると，○さんのよさに磨きがかかります。家庭学習では作文などに取り組むと書く力が高まります。応援をお願いいたします。

POINT

きっかけをつかむことができれば，更に伸びる可能性が十分にあることを知らせる。学校と家庭が協力し，子どもを支えていくことを伝える。

学習全体

学習への取組み方 ▶ 意欲・積極性

子どもの様子
まじめに努力するが、自信がないように見える子

[所見文例]

- 授業態度が常にまじめで、取組みも丁寧ですが、得意分野でも挙手したり、リーダーシップをとったりすることに遠慮がちです。活躍の場面を意図的に設け、自信を持って物事に取り組めるよう支援します。

- 植物の観察カードの中から作品が選ばれ、「学習発表会のしおり」に掲載されました。自分で描いた絵を活用して気付いたことをまとめるなど、工夫して取り組む姿勢がすばらしいです。ほかの活動にも〇さんのよさを発揮していきましょう。

 POINT

まじめな努力を続け、物事をやり遂げていることを評価する。その子のよさを見出し、自身への肯定感が高まるよう、助言する。

子どもの様子
学習の内容がわかっていても、なかなか発言しない子

[所見文例]

- まじめな授業態度がすばらしく、すべての学習の基礎になっています。友達の意見を受け止め、更に自分の意見を発表すると、理解が深化します。来期の課題として、授業中に挙手することに取り組みましょう。

- 教師の話にしっかりと耳を傾け、授業内容を正しく理解しています。作文や工作なども完成度が高いです。今後は自分の作品を紹介する活動を通して、発表する力が高まるよう指導を続けていきます。

 POINT

プリントやノートへの記述から、学習内容を理解していることを評価する。友達の意見を参考に進んで発言することで更に理解が深まっていくことを伝える。

学習への取組み方 ▶ 意欲・積極性

子どもの様子
積極的に挙手するが，発言の内容に深まりがない子

[所見文例]

🖊 どの教科の学習でも進んで挙手し，自分の考えを発表する姿勢がすばらしいです。この積極的な姿勢を生かすために，発言する際は「心の中で整理してから手を挙げる」「自分の考えをメモする」などの工夫を行う指導をします。

🖊 自身の意見をわかりやすく堂々と発表する姿が，みんなの手本となっています。次の課題はよい聞き手にもなることです。友達の話をよく聞き，自分の考えをより深めていけるよう，指導を行っていきます。

 POINT

まず，積極的な学習態度を評価する。その上で，発言の内容を充実させるためには，友達の意見を参考に自分の考えを深めていくことも必要であると伝えていく。

子どもの様子
他人を否定する発言をすることがある子

[所見文例]

🖊 グループ学習では，班長として活躍し，見事なまとめを発表しました。更によいまとめとするためには，自分の意見を伝えながら，友達の意見もうまく取り入れることが大切であると指導しました。

🖊 運動が得意で，体育のボール遊びではリーダーシップを発揮し活躍しました。勝利を目指しつつ，友達と協力すること，ルールを守ること，チームプレイを楽しむことなどを学び，自分をコントロールする術を身に付けています。

 POINT

まず，積極的な面は長所として評価する。その上で，学級の友達との関わりを大切にし，自分と同じようにほかの人も肯定し，高め合えるよう，助言していく。

学習全体

学習への取組み方 ▶ 集中力・根気強さ

[子どもの様子]
集中して学習に取り組んでいる子

[所見文例]

- 算数のドリルに集中して取り組み,目標以上の問題数をやり遂げました。また自分で問題づくりにも挑戦し,友達に提供していました。短時間で多くの成果を上げる集中力は,すべての学習の基礎として大切で,各教科の成績を伸ばしています。
- 国語の話合い活動において,聞くことに集中し,自分と異なる意見を主張する人と折り合いを付ける方法を考え出していました。自分でポイントを定めて深く考える習慣は,どの学習においても役立ちます。

POINT

各場面で集中して取り組んでいる姿を評価する。また,その結果どのような好影響を与えているのか説明し,学習意欲を更に高める。

[子どもの様子]
むずかしい課題にも粘り強く取り組む子

[所見文例]

- 音楽の発表会では,自ら苦手な鍵盤ハーモニカに挑戦しました。学校と家庭で何度も自主練習を行い,表現を工夫して見事な演奏を披露し,困難な課題ほど達成の喜びが大きいことを,実感していました。
- 家庭学習で毎日算数ドリルを行う課題を掲げ,今学期中は休むことなく提出しました。自ら課題を設定し,粘り強く取り組む経験は貴重です。最後までやり遂げる気持ちが育ち,大きな自信になりました。

POINT

むずかしい学習課題に対して粘り強く取り組む姿勢を評価する。学習の目標の達成を通じて自己肯定感が高まっていることを知らせ,維持・向上するよう支援する。

学習への取組み方 ▶ 集中力・根気強さ

子どもの様子
根気を必要とする作業にも粘り強く取り組む子

[所見文例]

✎ 生活科の学習では、一緒に遊ぶ幼稚園児のことを考え、細かな作業を続け、たくさんの手づくりおもちゃを完成させました。何のための活動なのか理解する力、活動をやり抜く根気強さを身に付けています。

✎ 係活動や掃除当番などを通して身に付けた力が、学習面にもよい影響を与えています。生活科の栽培活動に懸命に取り組み、畑を耕してくれました。地道な作業を続けられる根気強さは、○さんの大切な長所です。

 POINT
根気強く取り組んでいることを具体的に記し、評価する。あきらめず結果が表れるまで努力し続ける力を持っていることは、得難い長所の一つであることを伝える。

子どもの様子
授業以外のことに興味・関心が移りがちな子

[所見文例]

✎ 好奇心旺盛な姿勢がすばらしいです。いっぽう、興味・関心が多方面にわたって授業に集中できず、学習テーマとは異なる話をすることがありました。決められた時間内に問題解決に取り組む学習を繰り返し行い、集中力をはぐくみます。

✎ 授業に積極的に参加しています。時折、発言の内容が質問から外れてしまい、友達に理解されないことがありました。発言しようとする意欲を評価しつつ、考える視点を明確に示す指導を行っていきます。

 POINT
興味・関心が広いことは、よさととらえることができる。しかし、よそ見や私語は結果として学習効果を妨げる恐れがあることを説明し、集中力を養う必要性を伝える。

学習全体

学習への取組み方 ▶ 集中力・根気強さ

 子どもの様子
困難にぶつかると，あきらめがちな子

[所見文例]

- 好きな教科や自身の興味があることへの集中力がすばらしいです。物事を成し遂げる過程で困難な状況が生じた場合においても自力で乗り切ることができるよう，励ましの言葉をかけるなどの支援を行っていきます。
- 絵を描くことが得意で，友達からもリクエストされるほどです。しかし工作には苦手意識があり，作業の手が止まってしまうことがありました。コツを理解すると意欲が高まり，見事な作品をつくり上げました。

 POINT

困難なことがあるとそこであきらめてしまい，十分に力を出し切れていない状況があったことを伝える。乗り越えるための努力目標を具体的に伝え，成長を促す指導につなげる。

 子どもの様子
不注意によるミスが目立つ子

[所見文例]

- 理解力が高く，基礎的な計算も速くできます。ただし，問題の意図を読み間違えるなど，不注意によるミスがありました。確かめるポイントを理解した上で作業を進めると，本来の力を発揮できるようになります。
- 自分で課題を決めて家庭学習に取り組む姿勢は，積極的ですばらしいです。理解力は十分にありますが，ノートに転記する際に間違った数値を記入してしまうミスがありました。見直しの大切さを指導していきます。

 POINT

知識として理解しているにも関わらず，見直し不足で解答ミスの事実があったことを知らせる。落ち着いて学習に取り組む習慣を身に付けることの大切さを伝える。

学習への取組み方 ▶ 集中力・根気強さ

子どもの様子
じっくりと時間をかけて考えることが苦手な子

[所見文例]

🖊 直感力に優れ，誰も思い付かないような発想を提案しています。更に友達の意見をよく聞いて，自分はどう思うかをもう一度考えると学びが深まります。来学期は，国語の学習を中心にそうした指導を行っていきます。

🖊 算数では計算問題が得意です。文章題に対して苦手意識があるようですが，国語の音読の経験を生かして，小さな声で問題を3回読んでから問題を解くと，スムーズに答えを導き出せるようになってきました。

 POINT

優れた感覚を持ち合わせていることを評価する。その上で，ときには時間を置いてから考え行動すると，想定以上の成果が上げられることを記述する。

子どもの様子
授業中に離席してしまう子

[所見文例]

🖊 疲れがたまってくる午後や体育の後の授業では，集中力が途切れ着席を続けるのがむずかしいことがありました。イライラが募る前に心を落ち着かせる練習を行っています。

🖊 熱中すると次の課題に取り組む時間になっても，いまの作業を止めるのがむずかしくなってしまうことがあります。事前に学習の順序や時間帯を予告して目に見える形で示すと，集中力が持続します。ご家庭でも集中して何かに取り組めたときにはほめてあげてください。

 POINT

現在の状況を具体的に知らせる。その子に応じた具体的な方策を用いて取組みを継続すれば改善の見通しがあることを伝え，保護者との協力体制を構築する。

> 学習全体

学習への取組み方 ▶ 自主性・主体性・計画性

子どもの様子
めあてを持って学習に取り組んでいる子

[所見文例]

🖊 生活科の学習を契機に，お手伝い名人を目指すという目標を掲げ，学校や家庭で取組みを続け，見事に達成しました。やり遂げた自信が，各教科の学習において積極的に発言するという形となって表れています。

🖊 毎日の計算ドリルに取り組むことを目標に掲げ，コツコツと練習を積み重ねました。間違えた箇所の見直しを行い，わからないときは質問に来ていました。基礎計算力が向上し，算数テストで100点を取りました。

自分で目標を設定し，努力した事実を取り上げ評価する。主体的な学習態度は，これからも学習を続ける上で求められている姿勢であることを伝えていく。

子どもの様子
宿題や学習準備を忘れずにできる子

[所見文例]

🖊 今学期は宿題などを一度も忘れずに提出し，大きな自信となりました。音楽発表会では，班長に立候補して活動をリードし，力を合わせて演奏する楽しさを味わっていました。これからも活躍を期待しています。

🖊 連絡帳へのメモと毎朝の持ち物点検を続けた結果，忘れ物ゼロの目標を達成しました。取組み姿勢が積極的になり，前向きな発言も増えています。新たな目標を掲げ，更なる成長を遂げる支援をしていきます。

基本となる学習習慣や学習態度が備わっていることを評価する。学校生活のさまざまな面にもよい影響が表れていることを，具体的な事例を挙げて伝えていく。

学習への取組み方 ▶ 自主性・主体性・計画性

子どもの様子
進んで学習準備や後片付けができる子

[所見文例]

- 黒板を綺麗にしたり学習で使う道具を整えたりするなど，みんなのためになる行動を自分から行っています。生活科の1・2年生が合同で取り組む学習においても，他学年の困っている友達に声をかけ助けていました。
- 生活科のおもちゃづくりの時間に自分の作品をつくり終えると，友達を手伝ったりみんなで使った道具を片付けたりしてくれました。人のために役立つことを進んで行う姿勢は，みんなのよい手本となっています。

 POINT

授業時間だけでなく，学校生活での具体的な場面における成長の様子を伝える。誰も見ていないところでも人のためとなる行為を自ら実践しているすばらしさを評価する。

子どもの様子
見通しを持って学習することが苦手な子

[所見文例]

- 一所懸命に取り組む意欲を持っています。課題に取り組む方法がわからないなどの状況が見られたときには，こちらから声をかけ，具体的な方策を提案します。見通しが明らかになると，自力で進めることができます。
- 九九につまずきが見られた際，かけ算九九カードを使い視覚化することにより，徐々に理解が深まり正確に暗唱できるようになりました。正しい知識の定着により学習意欲が高まり，授業でも挙手するようになりました。

 POINT

どのように声をかけられると学習を始められるのか，その理由と指導方針を具体的に伝え，励ます。

`学習全体`

学習への取組み方 ▶ 自主性・主体性・計画性

`子どもの様子`
自分の考えに自信が持てない子

[所見文例]

- わからないことをそのままにせず，授業中に発信してくれるため，学級全体の問題が明確になっています。グループで複数の解き方を導き出す学習を通し，「わかった」「できた」という達成感や成就感を味わっています。

- わからないことがあると休み時間に質問に来ます。疑問が生まれた時機をとらえて説明すると，理解が進み意欲も高まります。家庭学習の課題を相談して決め，自主学習でも解答を導く喜びを味わえるよう，支援を続けていきます。

POINT

現状を説明した上で，その子の長所に応じて課題を解決する力をはぐくんでいることを伝える。日常で実行できる方策を具体的に伝え，今後の成長に期待をかける。

`子どもの様子`
指示がないと，行動できない子

[所見文例]

- 生活科の「お手伝い大作戦」を通して，目標を決め，それをやり遂げる楽しさを味わいました。時計の読み方を理解してから，「〇分で作業を終える」という目標を意識し，素早く行動できるようにもなってきています。

- 目標が明確になれば，主体的に進める力を持っています。行動する前にゴールを意識するよう指導しています。ご家庭でも本人に任せる仕事を決め，挑戦の機会を与えるなど協力をお願いいたします。

POINT

具体的な場面を取り上げて，状況を説明する。どのような手立てを用いて指導しているかを伝え，家庭との協力体制を構築する。

学習への取組み方 ▶ 自主性・主体性・計画性

子どもの様子
宿題や学習準備が疎かになりがちな子

[所見文例]

✎ 宿題を忘れたときに学校で宿題を行うと，短時間で仕上げることができました。宿題は家庭学習を習慣化するために効果的な方策の一つです。ご家庭での「今日はどんな勉強をしたの？」などの声かけが有効です。協力をお願いいたします。

✎ 学習道具を忘れた際，自分から申し出て学習に間に合わせようとする意識を持っています。連絡帳を活用し，持ち物などについてメモを取る指導を続けます。ご家庭でも学習準備の様子を見守り，支援をお願いいたします。

POINT
宿題への取組み方，学習準備の方法について，学校ではどのように指導しているかを伝える。家庭環境が影響していることもあるので，個別の配慮を十分に行う。

子どもの様子
学習の準備・後片付けが不得意な子

[所見文例]

✎ 工作が大好きで，工夫していろいろな物をつくっています。本人と出来上がった作品の取扱い方を相談し，保管箱を用意しました。身の回りが整理整とんされ，後片付けもきちんとできるようになりました。

✎ 週末の金曜日を整理整とんの日と決め，帰りの会で道具箱を片付けるための時間を設けています。「机の中が気持ちよいと，頭もスッキリする」とは○さんのつぶやきです。学習に対する集中力も高まってきました。

POINT
後片付けが苦手なために，学習を効率的に進められない状況があることを具体的に知らせる。指導の手立てと指導後の変容の様子を伝える。

学習全体

学習への取組み方 ▶ 創意工夫

子どもの様子
創意工夫が学習成果に表れている子

[所見文例]

- 固定観念にとらわれない，柔軟な発想を持っています。図画工作の作品や算数のたし算・ひき算の絵本をつくる際，斬新な表現を試みました。自分なりの創意工夫ができるのは，学習内容を着実に身に付けている証です。
- 生活科の「学校探検」では，同じグループの1年生の希望を把握するために，インタビューすることを提案しました。みんなが迷わないように案内板を掲示したり，探検を楽しめるよう替え歌やクイズを考えたり，○さんの工夫が光りました。

POINT
図画工作の作品や生活科のワークシートには，子どもの創意工夫が表れている。日常的に記録を残し，具体的な事例を通して，子どもの姿を伝えていく。

子どもの様子
努力を積み重ねている子

[所見文例]

- 音楽発表会では想いを込めた演奏を多くの人に聴いてほしいという気持ちを支えに，練習に取り組みました。手本となる演奏に何度も耳を傾け，指使いに気を付け，自主練習を繰り返しました。すばらしい演奏は友達の手本にもなりました。
- 学芸会では，セリフの練習に力を入れました。また，ほかの友達の演技を参考に，間の取り方や抑揚を工夫しました。当日の劇を見た1年生が「○さんのようになりたい」と話すなど，大成功を収めました。

POINT
その子なりのがんばりを認め，具体的な事例を通して評価する。特に学芸会や音楽会などの行事は子どもたちの成長の姿がよく見られるので，その変容を確実にとらえる。

学習への取組み方 ▶ 創意工夫

子どもの様子
学んだことをほかの場面や生活に生かそうとする子

[所見文例]

✐ 生活科の学習で知り合った１年生を誘い，昼休みに遊ぶようになりました。体育の時間に行ったボール遊びを提案するなど学んだことが生かされています。思いやりのあるやさしい２年生として，慕われ信頼されています。

✐ 生活科の学習を生かした特別支援学級との交流会では，「秋のおもちゃ」をつくったり，一緒に遊んだりしました。つくり方を聞く友達に道具の使い方をわかりやすく教える姿は，みんなの手本にもなっていました。

 POINT

各教科などの学習を通して身に付けたことを活用する場は，休み時間の係活動や登下校時などいたる所にある。子どもの様子を多面的にとらえ，そのよさを記述する。

子どもの様子
創意工夫で困難を乗り越えようとする子

[所見文例]

✐ 初めての学習発表会の劇では子ども役に，学年の劇では教師役に立候補しました。恥ずかしさを払拭し，表現力を身に付け，むずかしい役を演じ切りました。自分のよさを発揮する新たな面を開拓することができました。

✐ １年生を迎える会を契機にピアノの伴奏に挑戦しました。友達にコツを聞いたり，休み時間だけではなく，家庭でも練習を続けたりし，成果が見られました。努力は必ず実を結ぶという経験は，今後に必ず役立ちます。

 POINT

困難に直面したときこそが，成長するチャンスである。運動会や学習発表会などを契機に，大きく成長を遂げたことを記述する。貴重な一瞬を逃さず記録に留めておく。

学習全体

学習への取組み方 ▶ 創意工夫

子どもの様子
発想が豊かな子

[所見文例]

- 算数の筆算では，計算の過程を，図に表し説明してくれました。吹き出しにポイントとなる言葉を書き入れるなど，アイデアが盛り込まれていました。個性的な見方や考え方は友達からも認められています。

- 読書活動を通して豊かな語彙を身に付け，いきいきとした作文を書き上げています。校舎建て替えのお別れ会では児童代表として，自分たちを見守ってくれた校舎に対する感謝の気持ちを綴った手紙を発表しました。

POINT

日常の何気ない一言や提出物などの中に見られる，きらりと光る子どもの一面を記述する。日頃から提出物などには一言を書き入れ，子どもの自己肯定感を高めていく。

子どもの様子
同じ間違いを繰り返す傾向がある子

[所見文例]

- 国語の短文作成では，「は」と「わ」，「お」と「を」の一文字が違うだけで，言葉の意味の伝わり方が異なることを学習しました。自分の伝えたいことを表す際に，言葉を丁寧に選ぶ姿が見られるようになりました。

- 漢字ドリルの「漢字の成り立ち」の部分を活用してみるよう促したことで漢字の書き間違いが減りました。漢字の部首に見られる法則性を踏まえて，書き順を考え，正しい漢字を効率的に身に付けられるよう，指導しています。

POINT

助詞の使い方・漢字・計算などは，間違いを明確に指摘することで，同じ間違いを繰り返すことを阻止できる。日常生活のどの場面で気を付けるとよいか，具体的に伝えていく。

学習への取組み方 ▶ 創意工夫

子どもの様子
ものごとに柔軟な発想で向き合うことが不得意な子

[所見文例]

- 読解力があり，国語では文意を読み取る力が伸びています。詩や作文などの創作活動に苦手意識がありましたが，読み取った文章の中で気持ちを表す言葉や表現の工夫を取り上げ，自分の作品づくりに生かすよう促した結果，成果が上がっています。
- 遠足の絵を描くときに，楽しい思い出がたくさんあり，題材を決めるまでに時間を要しました。しかし，対話によって最も表現したいことは何かが明らかになると筆が進み，当日の様子が蘇るような作品を仕上げました。

 POINT

作文，詩，絵画，工作などの表現活動に取り組む際，思うように筆や作業が進まない子どもにどのような対応をしているか，指導の方法や内容について事例を挙げて伝える。

子どもの様子
模倣が多く，自分らしさを発揮できていない子

[所見文例]

- 授業での発言は多くありませんが，着眼点がよく，ユニークな発想でものごとを考えられるよさがあります。間違えることを恐れず，安心して挑戦できるクラスにしていきたいと思います。来学期も○さんのアイデアをたくさん聞かせてください。
- 作文や図画工作の作品づくりで，周囲の目が気になり，自分の個性的な表現を引っ込めてしまうことがありました。○さんはすばらしいアイデアや表現の持ち主です。○さんが自信を持って自分を出せるように指導していきたいと思っています。

 POINT

具体的な場面をとらえてその子らしさを認め励ます。成功体験を少しずつ積み重ねることで，自分への自信が持てるようなメッセージを伝えたい。

学習全体

学習への取組み方 ▶ 協調性

 子どもの様子
学級全体の調和を大切にできる子

[所見文例]

- 相手を見てうなずきながら話を聞き，よい意見をノートに書き留めるなど，人の話を聞く姿勢が身に付いています。グループ学習では異なる立場の意見を尊重しながら話合いをリードするなど活躍し，友達からの信頼も厚いです。
- 次の時間の学習準備を行ってから休み時間を過ごすなど，常に見通しを持って行動し，友達にも働きかけています。○さんのおかげで，メリハリを持って行動しようという雰囲気が学級全体に広がっています。

 POINT

周囲に目を配り，学級全体の調和を大切に行動できている点を具体的に挙げ，大いに評価する。

 子どもの様子
友達と協調的に関わりながら学習している子

[所見文例]

- 学習発表会の舞台設営では，安全に留意しながら「イチ，ニ」と友達と明るく声をかけ合い，大道具を運んでいました。○さんのやさしい言葉かけや前向きな姿勢が，周囲の子どもにもよい影響を与えています。
- 生活科の学習をまとめる際には，自分の分担を責任持ってやり遂げています。休みが続いた友達が登校してきたときには，グループの活動状況を説明しながら，その子の分担をさりげなく手助けしていました。

 POINT

友達と協力し，成果を上げた具体的な事例を知らせる。子どもの成長の様子や，ほかの友達との関わりの中で明らかになったよさも伝えていく。

学習への取組み方 ▶ 協調性

子どもの様子
誰とでも円滑にコミュニケーションを取れる子

[所見文例]

- 「町探検」では,出会った方に自分からあいさつし,取材を行いました。多くの方が○さんの礼儀正しくテキパキした言動をほめていました。さまざまな人との交流を通して,地域の魅力を発見していました。

- 子ども祭りでは,「的当てゲーム」の店を開きました。準備段階からグループの友達と話合いを重ね,誰もが楽しめるようにルールを工夫しました。当日は1年生にもやさしく声をかけていました。

 POINT

国語科の「聞く・話す」学習を通して身に付けた力を,生活科や特別活動など,学校の多様な場面での人との関わりの中で発揮している姿を取り上げ,そのよさを伝えていく。

子どもの様子
前向きな言動で,学級全体に好影響を与えている子

[所見文例]

- 校長室で行われる「詩の暗唱テスト」に向けて,懸命に練習を重ねています。クラスの友達に「みんなで合格しよう」と声をかけていました。○さんのおかげで互いに学び合い高め合おうとする雰囲気が,クラス全体に生まれています。

- 生活科の活動計画を立てる際,クラス全体の思考が停滞しかけたときがありました。○さんが「地域の方に話を聞いてみよう」とアイデアを出してくれたことがきっかけとなり,活発な意見交換を行うことができました。

 POINT

よい影響を与えた具体的な言葉や行動を知らせる。学校における集団生活だからこそ,はぐくまれる心情や態度があることを伝え,今後の成長につなげていく。

学習全体

学習への取組み方 ▶ 協調性

子どもの様子
周りが見えなくなることがある子

[所見文例]

- 自分の考えたことをすぐに伝えたいという気持ちを持っています。話合いの場面をとらえて，友達の意見を聞いてから発言すると説得力が増すことを指導しています。積極性と協調性をバランスよくはぐくんでいきます。
- グループ単位の活動では，話合いに熱中するあまり周囲の様子が見えにくくなるときがありました。充実した活動にするためには，友達の意見を聞き取り入れることも大切であると指導しています。

 POINT

学校での学習は，みんなの協力のもとに成り立ち発展していくことを再確認する。指導の経過を報告するとともに，今後の対応策や指導の内容，方法を伝えていく。

子どもの様子
グループ学習にとけ込もうとしない子

[所見文例]

- 楽器演奏の自主練習を積み重ねたのち，誘われてグループ練習に参加したところ，友達から「○さんすごい」と評価され，更に意欲を高めました。他者から認められる機会を設けるなど，指導を続けます。
- どんなことにも懸命に取り組みます。また，いつも笑顔で友達の話を受け止めています。この長所を生かしてグループ学習では，まず「聞き方名人」となり，最終的には「話し方名人」を目指し自分の意見も伝えられるようにしましょう。

 POINT

人との関わりの中で得られるものも多くあることを確認する。本人の様子に応じて行った指導の内容や方法とともに，今後の方向性について伝える。

学習への取組み方 ▶ 協調性

子どもの様子
周囲から自己中心的に見られている子

[所見文例]

✎ グループ学習では，友達と交流しながら，合意点を見付けようと努力しています。自分の思いが通りそうにないときこそが話合いの山場であることを指導し，友達の意見を受け止めてから話す練習をしています。

✎ しっかりとした自分の意見を持っており，明確に表現することができます。次は，他者の意見もよく聞いて取り入れていくことや，友達との関わりの中で柔軟性を高めていくことを意識して，指導を続けます。

 POINT

まず，その子の長所や成長を認め励ました上で，現時点での課題を知らせる。改善の方策や指導の方向性を伝える。

子どもの様子
コミュニケーションが苦手な子

[所見文例]

✎ 国語の話合いでは，聞く側になることが多く，話す名人になるためのポイントを一所懸命メモしていました。生活科の１年生向けの説明会では，先のポイントを意識し，わかりやすい発表を行っていました。

✎ インタビュー活動では，事前に質問をカードにまとめましたが，実際には，緊張するとカードの活用がむずかしいことがわかりました。そこで○さんと相談し，「インタビューの手引」を一緒につくることにしました。

 POINT

コミュニケーション能力を高めるために指導していることを知らせる。国語の「話す・聞く」学習や人と関わる体験を積み重ねることが，効果的であると伝える。

学習全体

学習への取組み方 ▶ 考え方や情緒面での課題

子どもの様子
注意が散漫になりがちな子

[所見文例]

✐ さまざまな資料を収集し，同じグループの友達から高い評価を受けました。興味・関心の幅の広さが認められています。集中力が途切れそうなときも周囲の励ましを支えに，話合いに参加する努力を行っています。

✐ さまざまなことに興味・関心があり，どの教科の学習にも主体的に取り組んでいます。いまやるべきことへの集中の継続が困難になりそうになった際には，活動の見通しや課題を明示し，学ぶ意欲を引き出すよう指導しました。

POINT

注意が散漫になるということは，興味・関心の幅が広いととらえることもできる。子どものよさを認めつつ，現在指導している内容を伝えていく。

子どもの様子
授業中の態度や気分にむらがある子

[所見文例]

✐ 学習意欲が高くエネルギッシュに活動しています。がんばりすぎたときや思うような結果が出ないときに意図的に声をかけ，気分転換をはかっていきます。今後も気持ちを切り換えるための方策を見付けていきましょう。

✐ 図画工作の粘土を使った作品づくりに向けた集中力には，すばらしいものがありました。今後の課題は，集中する時間を伸ばし，他教科にも応用していくことです。意欲が向上するよう，努力の成果を振り返る機会を設定していきます。

POINT

むらがあるということは，「よいときも悪いときもある」ととらえることができる。よいときの状態を長く続ける方策や，悪い状態から立ち直る方策を伝えていく。

学習への取組み方 ▶ 考え方や情緒面での課題

子どもの様子
現状に満足し，新たな課題に挑もうとしない子

[所見文例]

 POINT

🖊 与えられた課題にひたむきに取り組み，期限内に必ず提出しています。自分の好きなことや得意なことの中から挑戦したいことを決め，目標にすると意欲がいっそう増してきます。今後も○さんのがんばりを応援しています。

🖊 習った漢字を使って，読んで楽しい文章をたくさんつくってくれました。漢字の力を身に付けるとともに，豊かな発想に磨きがかかりました。更なる成長を目指し，新たな目標に挑戦できるよう支援します。

現状で明らかになっている学習成果を認めた上で，今後努力を積み重ねることにより，更に成長する可能性が期待できることを伝え，励ます。

子どもの様子
自分を甘やかしてしまう子

[所見文例]

 POINT

🖊 好奇心が旺盛で興味・関心の幅が広く，主体的に取り組もうとする姿勢を持っていますが，作業をやり遂げるのに時間がかかることもありました。学習の進度に応じて声をかけ，達成感を味わえるよう応援していきます。

🖊 目標の達成を目指して，算数のドリルの学習を進めてきました。小テストで結果が出せず，やる気を失いかけましたが，友達の励ましの一言で立ち直ることができました。努力は必ず実を結びます。今後も応援していきます。

具体的な事例を通して課題を知らせる。今後の方針として，指導を継続的に行い，成果が明らかになるまで見届けることを伝える。

学習全体

学習への取組み方 ▶ 考え方や情緒面での課題

子どもの様子
自信がなく，引っ込み思案な子

[所見文例]

 POINT

✎ ミニトマトの栽培では，毎日欠かさず観察日記を付けました。カードを並べて展示することを思い付き，生長の様子が一目でわかる作品ができました。このことを契機に，クラス文集づくりでは，挿絵担当に推薦され大活躍しました。

✎ 登校時に交わす○さんのあいさつがすばらしいと，地域の方からおほめの言葉が届きました。これを契機に話すことへの興味・関心が高まり，グループ学習では司会として活躍しました。この自信をさらに育てていけるようサポートします。

誰にも必ずよさはあるが，本人や保護者がよさに気付いていないこともある。子どもの実態を把握し，よさを見出す，またはよさに気付かせる手立てを伝える。

子どもの様子
テストの結果によって学習意欲が左右される子

[所見文例]

 POINT

✎ ○さんの一言がクラスの雰囲気を明るくしてくれています。あたたかな笑顔と思いやりの心は，宝物です。学習面では，毎日の音読練習が実を結び，表現力が向上しています。来学期も一緒に努力を続けていきましょう。

✎ 目標の達成を目指して，読書や縄跳びなど地道な努力を重ねることができました。テストの点数も目標達成までもう一息です。来学期は，読書に加えて漢字練習に力を入れ，点数アップを一緒に目指しましょう。

テストの点数や通信簿の評価は，あくまでも一つの目安である。自分の努力の結果の一部を測る手掛かりとしてとらえ，多面的に自分のよさを見るよう促す。

学習への取組み方 ▶ 考え方や情緒面での課題

子どもの様子
人の失敗をなかなか許せない子

[所見文例]

- 運動会では，仲間に指示を出したり，競技のコツを伝えたりと大活躍でした。ときに仲間のミスに厳しい声をかけてしまうことがありましたが，試合に勝つためには，チームワークが大切です。「ナイス」「ドンマイ」などの声かけを行えるよう，指導していきます。
- 相手の立場を考えることを通して，思いやりのある行動やあたたかな言葉かけが増えました。互いに励まし合い，協力し合いながらグループ学習などに取り組めるよう今後も見守ります。

POINT
本人のよさを認め伸ばしていくと同時に，誰にでも得手・不得手があることを再確認する。真に力のある人は，他者の失敗を許容できることも伝えていく。

子どもの様子
自分の失敗を認められない子

[所見文例]

- 学期はじめの音読発表会では友達の笑い声につられ，実力を十分に発揮できませんでしたが，次の機会には気持ちを切替え再挑戦しました。今度こそという意気込みが表れた音読に，大きな拍手がわき上がりました。
- 運動会の大玉送りで転んでしまい泣いている友達に，「失敗しても大丈夫だよ。泣かないで」とやさしい言葉をかけていました。以前に比べ，思うようにならないことがあっても，自分の言動をコントロールする力が付いてきました。

POINT
経験を通して学ぶことはたくさんある。特に，失敗からどう立ち直るかが大切である。原因を分析し，次のステップに役立てたからこそ，いまの成長があることに気付かせる。

学習全体

観点別にみた学力の特徴 ▶ 知識・技能

子どもの様子
知識が豊富な子

[所見文例]

✏️「これ知っているよ」という言葉がたくさん出るほど、知識が豊富です。今後は○さんの長所を生かして、応用的な学習課題への取組みを指導することを通して、じっくり考える態度を育てていきたいと思います。

✏️ 植物や昆虫への興味が強く、図鑑を読むことも好きな○さん。たくさんの動植物の名前を知っています。来学期は学習や生活の中で疑問を持ったことを発表する機会を多く取り入れ、優れた力を更に伸ばしていきます。

POINT

たくさんの知識を有していることを認める。また、今後は、じっくり考える課題や、疑問を追究する課題に取り組ませていくことを伝える。

子どもの様子
基礎・基本を身に付けている子

[所見文例]

✏️ 計算問題が得意な○さんです。今学期は2位数のたし算を学習し、正確に速く計算ができるようになりました。自主的に家庭でもドリル学習を行うなど、意欲的に取り組んでいることの成果だと思います。

✏️ 漢字の力を着実に身に付けている○さんです。授業で学習した漢字をノートに丁寧に書いて、家庭でも繰り返し学習するなど、確実に覚えようとする取組みがりっぱです。努力の成果は、テストの結果や日記や作文などにも表れています。

POINT

基礎・基本を身に付けていることをほめる。漢字や計算に熱心に取り組んでいる子どもの姿を示し、努力の大切さを伝える。

観点別にみた学力の特徴 ▶ 知識・技能

子どもの様子
実験・観察の技能に優れている子

[所見文例]

🖋 教室で飼っているザリガニを細かいところまで観察し，形態や生態をとらえて，上手に描くことができました。二本のハサミや足の付き方などを正確にとらえて描いた観察カードは，クラスのお手本になりました。

🖋 学校の畑に行き，育てているキュウリの花の違いに気付き，友達に伝えることができました。また，植物の生長に大変興味を持ってスケッチに取り組み，ルーペで細部まで熱心に観察し，丁寧にカードに描きました。

 POINT

ありのままによく見ることが，実験・観察の技能を高める初歩である。対象に興味を持って見ている姿を日頃から記録し，具体的に記述する。

子どもの様子
図鑑や辞典など資料活用の技能に優れている子

[所見文例]

🖋 秋の虫探しで捕まえた生き物のえさや飼い方を，図鑑や本を使って調べました。わからないことを自分で調べるために，資料や文献を活用しようとする力が育っています。来学期も○さんのよさをますます伸ばしていきます。

🖋 わからない言葉に出合うと，すぐに国語辞典を引いています。また，文章の中から知っている言葉を探し，見付けたらふせんを貼る活動も日常的に行っています。○さんの意欲的な言葉の学習について，来学期も支援していきます。

 POINT

身の回りや自然にあるものなどに興味を持ち，意欲的に図鑑や辞典を使って調べようとする姿を，具体的な記述で伝える。

学習全体

観点別にみた学力の特徴 ▶ 知識・技能

子どもの様子
知識を定着できている子

[所見文例]

- 新しい漢字やカタカナやひらがなを学習すると，すぐに覚えます。なにごとにも積極的に取り組み，理解が早く，よく発言し，みんなを驚かせるほどです。新しい知識を今後も貯えていけるよう指導していきます。
- 算数ではかけ算の九九を覚えて，すぐにすらすら言えるようになりました。計算ドリルなどの間違いもほとんどありません。今後は応用的な問題にも積極的に取り組ませ，○さんの更なる成長を支援していきます。

POINT
知識を定着できていることをほめる。低学年段階では漢字やかな，九九などは確実に定着させたい内容であることを伝えたい。

子どもの様子
ノートの取り方・まとめ方に優れている子

[所見文例]

- ノートに字を書くときは，姿勢をよくして下敷きを忘れずに用いて，鉛筆をしっかり持って書いています。その姿は，クラスのお手本になっています。
- 書き方の学習では，マス目からはみださず文字を整えてしっかりした字を書いています。ほかの教科のノートも，とてもしっかりと書けています。
- ノートには，板書されたことを書くだけでなく自分の考えも書き加えてあり，思考のあしあとがよくわかるように工夫されています。

POINT
ノートのマス目や罫線を意識して丁寧に書くことは，学習の基礎として大切なことである。子どもができていることを保護者に伝えていきたい。

観点別にみた学力の特徴 ▶ 知識・技能

子どもの様子
基本的な知識や技能が不足している子

[所見文例]

- 基礎・基本をしっかりと押さえ，学習への集中力を高めていくことが○さんの課題です。来学期は，基礎・基本をしっかり身に付けさせるために，授業ごとに学習活動のペースや内容・方法を考え，指導していきます。
- 板書の文字を，ノートに写す作業が遅れがちになります。学習時間の中でノートを効率的に見やすくまとめることも，大切な学力の一つと考えています。来学期は，文字を速く丁寧に書くために，個別の指導の時間を確保して指導していきます。

 POINT

板書をノートに写す作業など，学習活動を具体的に示しながら，今後どのようにしていくことが望ましいのかを，指導のポイントとともに伝える。

子どもの様子
基礎・基本に課題がある子

[所見文例]

- どんなことにも一所懸命に取り組みます。来学期は，ノートの文字をマス目からはみ出さないように，意識して書くための時間を設け，指導していきます。家庭学習の際の協力をお願いいたします。
- 繰り上がりのあるたし算の計算ができるようになりました。筆算では位をそろえてきちんと書くようにすると，計算の間違いが少なくなります。大切な学習なので，来学期は個別に時間をとって，じっくりと指導していきます。

 POINT

具体的な例を示すことにより，取り組むべき課題を明らかにするとともに，保護者が読んだ際に，今後の努力によって成長が見通せるような記述にしたい。

観点別にみた学力の特徴 ▶ 思考・判断・表現

子どもの様子　学習課題や疑問を発見することが得意な子

[所見文例]

- 生活科では、「見付けたよ」「どうしてかな」と課題意識を持って学習に向かっている様子がうかがわれました。自ら課題や疑問を見付けて学習に取り組めること自体が、大切な学力です。今後も○さんのよさを伸ばすように指導していきます。
- 算数では、立体図形に興味を持ち、身の回りにある立体を意欲的に集めました。各立体の相違点に着目し、特徴をとらえて分類しました。友達のアイデアを取り入れて、よりよい分類の仕方を模索していた点が、学習の深まりにつながりました。

 POINT

どんなことでも「やってみたい」とすぐに行動したがるのが低学年の子どものよさである。子どもの課題発見の姿を具体的な場面でとらえて記述したい。

子どもの様子　課題解決的な学習が得意な子

[所見文例]

- 体育で、マットを使った運動遊びに意欲的に取り組みました。いろいろな方向へ転がりたいという学習課題を持ち、どのようにしたら思うように転がっていけるのかを友達と一緒に考え、適切な体の動きを表現することができました。
- イベントを企画することが大好きな○さんです。お楽しみ会を計画し、たくさんのアイデアを発表しました。自分のことだけでなく、友達のことも考え、全員が楽しめる会にしようと努力し、率先して実行していました。

 POINT

子どもが学習課題を把握し、課題解決に向けて実現していこうとする姿を丁寧に見取って記述したい。

観点別にみた学力の特徴 ▶ 思考・判断・表現

子どもの様子
分析して自分の考えをまとめることが得意な子

[所見文例]

- 算数では、たし算やひき算を用いるのはどんな場面かについて学習しました。なぜその式を使うのか、順序立てて説明することができました。見通しを持ち、考えていく力をこれからも更に伸ばしていきたいと思っています。

- 国語の学習では、「スイミー」の最後の場面について、スイミーの言葉をもとに、自分の考えを発表することができました。日頃の読書の経験を生かし、想像を広げながら読んでいることがうかがわれました。

 POINT

低学年段階では、学習課題に対して、子どもが細かいところまでしっかりと見て、あれこれと考えている姿を丁寧に見取って記述していきたい。

子どもの様子
自分の意見と友達の意見を比べて考える子

[所見文例]

- 学級活動の話合いで、お楽しみ会の内容について話し合いました。○さんは「せっかくだから、みんなが楽しめる会にしたい」と訴え、自分の考えを話したり友達の意見を聞いたりしながら、一所懸命に考えていました。

- 図画工作では、自分や友達の作品を見て感じたことを話したり、友達の話を聞いたりするなどして、形や色、表し方のおもしろさに気付くことができました。表現や観察の力を伸ばしていけるよう、引き続き指導していきます。

 POINT

さまざまな意見を比べながら考えることを積み重ねている様子を中心に記述したい。批判的思考や客観的にものごとを考える力を育てていきたい。

学習全体

観点別にみた学力の特徴 ▶ 思考・判断・表現

子どもの様子
作品の構想を練ることが得意な子

[所見文例]

✎ 図画工作では，自分が表現したい主題に合うように色を選んだり，いろいろな素材を試したりしながら，作品の構想を練ることができました。試行錯誤の末，さまざまなアイデアを生かした，ユニークな作品を仕上げました。

✎ 音楽で，声や身の回りの音のおもしろさに気付き，自分で試しながら音遊びを楽しみました。もっとおもしろい音を出すにはどうしたらよいかと試行錯誤する姿は，みんなのお手本でした。今後も探究心を大事にした指導を行っていきます。

 POINT

低学年では，さまざまな角度から考察する基礎的な活動として，試行錯誤している姿をとらえて記述したい。

子どもの様子
パソコンやインターネットを活用して学習を深めている子

[所見文例]

✎ パソコンのお絵かきソフトを使い，海をモチーフにイメージ画を描きました。パソコンによる表現のよさを生かし，マウスを使ってパーツを並べたり重ねたり試行錯誤しながら，独創的な作品を仕上げました。

✎ 生活科で生き物についてインターネットで調べた際，指示に従って的確に検索し，しっかりと情報を集めることができました。インターネットの特性を生かして，ふだん見ることができない深海の生き物についても積極的に調べていました。

 POINT

パソコンやインターネットに親しむことによって，学習活動が広がっている様子や，学習が深まっている様子を書きたい。

観点別にみた学力の特徴 ▶ 思考・判断・表現

子どもの様子
原理や法則性を理解し表現に生かしている子

[所見文例]

- 算数の学習では,「どんな仕組で単位があるのだろう」と興味を持って粘り強く考えていた○さんです。センチメートル(cm)とミリメートル(mm)の単位の関係を, ノートに書きながら友達に説明していました。

- 原理や法則性の理解に優れた○さんです。九九表に興味を持ち, 意欲を持って調べました。かけ算の答えが同じになる九九を探したり, 数の並び方の法則を見付け出したりするなど, 優れた力を発揮しました。

POINT

原理や法則性をよく理解することは低学年にとっても大切なことである。知識を生かし, 興味を持って学習に向かっている様子を伝える。

子どもの様子
作品の構想を練ることが苦手な子

[所見文例]

- 図画工作では早く仕上げることが得意です。いっぽうで, 作品の構想を練ることに苦手意識があるようです。教科書や本を参考にしたり, 友達の作品を見たりして, イメージを広げるためのヒントを得るように指導していきます。

- 表現活動に苦手意識があるようです。音楽鑑賞のときは, ただ聴くのではなく曲に合わせて体を動かし, 想像したりイメージを広げたりして, 曲を聴くポイントを指導しています。引き続き音楽の楽しさを味わわせていきます。

POINT

思考力や表現力を育てるために大切な学習活動を具体的に示しながら, どのように指導していくか方針を書く。

> 学習全体

観点別にみた学力の特徴 ▶ 思考・判断・表現

子どもの様子
原理や法則性をとらえることが苦手な子

[所見文例]

✏ 抽象的な思考に苦手意識があるようです。今学期はたし算やひき算で繰り上がりや繰り下がりが生じることの意味について理解を深めました。今後も，数え棒など具体物を使って指導することを続け，○さんの理解を支援していきます。

✏ 漢字の字形をとらえることが苦手なようです。なぞったり指書きしたりして，文字の形をしっかりとらえてからノートに書かせるようにしたところ，少しずつ成果が表れてきました。引き続き字形を意識しながら書くことを指導していきます。

POINT

抽象的な思考が苦手な子どもには，具体物を使って理解できるようにする。指導したことや，今後の取組みの方向性などを，わかりやすく伝える。

子どもの様子
学習課題や疑問を見出すことが苦手な子

[所見文例]

✏ 学習場面では，友達と二人になって話したり，グループで話したりする中で，自分が取り組みたい課題が見出せるようになってきています。今後も引き続き，自分が取り組みたいと思える課題を見付けられるよう支援していきます。

✏ 生活科で学校探検をしたり学校生活に関わる人々と交流したりしました。意欲的に参加できたいっぽうで，更に深めたいテーマを決めることには苦戦しました。課題を設定する力は大切な学力だと考えており，引き続き指導していきます。

POINT

学習課題を見付けるための教師の指導や支援を具体的に書くことにより，保護者が安心するようにしたい。

観点別にみた学力の特徴 ▶ 主体的に学習に取り組む態度

[子どもの様子]
興味を持って進んで読書に取り組む子

[所見文例]

✏ 本を読むのが大好きで，読書記録カードに読んだ本や一行感想を記録し，着実に基礎知識を定着させています。いきいきとさまざまなジャンルの本を手に取る○さんの姿は，クラスのよいお手本となっています。

✏ 「教室にも図鑑を置いてください」と言うほど興味を持って，さまざまな図鑑や百科事典を読んでいます。かねてより自然科学の知識が豊富な上，「もっとたくさんのことを知りたい」という知的好奇心に溢れています。

 POINT
読書は知識の定着や新たな知識を獲得するために大切なことである。努力している様子を具体的に伝え，成長につなげたい。

[子どもの様子]
自ら学習を深めようとしている子

[所見文例]

✏ 昆虫が大好きな○さんです。生活科で虫探しに行ったとき，「これはミヤマクワガタの幼虫だよ」と友達に教えていました。自分の興味があることを友達に伝えようとする態度がとてもよいです。考え合うことは学習の深まりにつながります。

✏ 音楽で「ひらいたひらいた」のわらべうたを歌ったことをきっかけに，歌への関心が高まりました。更にいろいろな歌を歌いたいと意欲を高め，家庭学習で調べた郷土に伝わる歌について日記に書きました。

 POINT
授業中に活動したことがその他の場面で見られることで興味・関心が広がっている姿を記述し，保護者に伝えたい。

学習全体

観点別にみた学力の特徴 ▶ 主体的に学習に取り組む態度

 子どもの様子
発表に主体的に取り組もうとする子

[所見文例]

- 授業中，友達の発言をよく聞いた上で，「私は〜だと思います。なぜなら〜」と，自分の意見を述べます。しっかりと考えをまとめてから，相手が聞き取りやすい声量も意識して発表しており，わかりやすくて聞きやすい発表になっています。
- 学芸会の練習に熱心に取り組み，セリフを大きな声で言えるようになり，朝の会のスピーチにも自信が付いたようです。各授業での積極的な挙手も増えてきています。来学期も期待しています。

 POINT

自分の考えをわかりやすくまとめて発表する姿や，子どもが意欲的に学習に取り組んでいる様子を書く。保護者にわかりやすく伝えるようにする。

 子どもの様子
人前での発表に積極的に取り組めない子

[所見文例]

- 学習内容をよく理解していますが，授業中の発言には消極的です。○さんが発言することは，みんなの学びにつながりますし，○さんにとっても考えを深めるきっかけになります。意欲的に発表できるように来学期も指導していきます。
- 休み時間は友達と楽しそうに遊んでいますが，授業中の発表は緊張するようで声が小さくなってしまいます。小グループでの発表など安心できる場を設定しながら，少しずつみんなの前で発表できるように励ましていきます。

 POINT

発表ができることがすべてではないが，学び合うことによって思考が深まっていくことを伝える。また，発表をできるようにするために指導していくことを伝える。

観点別にみた学力の特徴 ▶ 主体的に学習に取り組む態度

子どもの様子 学習作業が速く間違いも少ない子

[所見文例]

✎ 取りかかりが早く集中して取り組むため、短時間のうちに課題を終わらせることができます。間違いも少なく作業が正確です。学習を効率的に進める力は○さんの成長につながります。来学期も○さんの長所を更に伸ばしていきます。

✎ いつもよい姿勢を保ち、誰の話でもしっかりと聞くことができます。何をすればよいのかきちんと理解しているため、順序立てて確実に作業に取り組むことができ、成果物も丁寧で正確です。

学習を効率的に進める力は継続させていきたい。確実にできているところをほめ、意欲を喚起する。また、今後期待できることも書き加えられるとよい。

子どもの様子 主体的に学びを深めようとする子

[所見文例]

✎ 図画工作では砂の造形遊びをしました。全身砂だらけになりながら、熱心に遊んでいました。友達と話しながらイメージをふくらませて、お皿をつくったりして、思い切り活動する様子が見られました。

✎ 郵便局の見学を通して、仕事をしている局員の方の活動に関心を持ちました。「手紙は旅をしているんだよ」と説明してくださった局員の方の説明を、真剣なまなざしでじっくり聞いていました。意欲的に取り組めたのがすばらしいです。

子どもがいきいきと体験している様子など、具体的な活動の場面を記述する。意欲的に取り組んだ結果、よい経験となったことを伝える。

学習全体

観点別にみた学力の特徴 ▶ 主体的に学習に取り組む態度

 子どもの様子 際立った才能を発揮し周囲の手本となっている子

[所見文例]

 POINT

- 鍵盤ハーモニカが得意で、自分の好きな曲を練習して上手に演奏することができます。クラスの友達も「すごく上手だね」とほめていました。演奏の楽しさも伝えています。来学期は新しい曲に挑戦すると話してくれました。楽しみにしています。
- 水泳が得意で、授業では「けのび」のお手本を演技しました。常に自分のめあてを持って学習に取り組む姿勢がすばらしいです。○さんの姿が友達にもよい影響を与えています。

> 優れた技能は大いにほめて励ましたい。その子の努力を具体的に伝えて、更なる活躍につなげたい。

 子どもの様子 パソコンやインターネットを学習に生かそうとする子

[所見文例]

 POINT

- パソコンのお絵描きソフトで絵を描くことに意欲的に取り組みました。カレンダーづくりの学習では、速く正確な作業で、素敵な作品を仕上げることができました。自分の作業後は、パソコンの操作が苦手な友達を手伝い、喜ばれていました。
- 教師の指示をよく聞き、理解も早く、主体的に学習を進めています。パソコンの学習ソフトを使う授業で、ソフトの使い方をすぐに理解し、算数や国語の学習を自分から次々と行いました。特技を生かして学習を深めることを支援していきます。

> パソコン活用能力は今後大切な技能となる。操作技能や情報収集能力が優れているところなどを、具体的に記述する。

観点別にみた学力の特徴 ▶ 主体的に学習に取り組む態度

子どもの様子
学習作業は速いが失敗や間違いが多い子

[所見文例]

- なにごとにも率先して取り組みます。ただし，ノートやワークシートなどで，文字を丁寧に書くことは○さんの課題です。読みやすい字を書くことは，大切な学力の一つだと考えています。一つ一つ丁寧に書くことを指導していきます。
- 計算が好きで，ドリル学習にも意欲的に取り組んでいます。計算間違いを減らすことが○さんの課題です。特に，テストや課題提出においては，速さだけにとらわれることなく，提出前に一度は必ず見直すように指導しています。

 POINT

よい点をほめ，次にそのよさを更に伸ばすための方策を具体的に示す。否定的な記述にならないように留意する。

子どもの様子
見通しを持って作業しようとしない子

[所見文例]

- 学習場面で課題がなかなか進まないことがあります。周りの友達の様子を気にしてしまうようです。今後は自分で見通しを立てて学習を進めることも指導していきます。自信を持って活動するよう声をかけていきます。
- 算数のプリントでは一問ずつじっくり向き合っています。ただし，効率的に進めることも大切であり，当面は時間内に終わらせることが，○さんの課題です。見通しを立てて取り組むように指導しており，少しずつスピードも速くなっています。

 POINT

個人の能力に関わることなので表現に配慮する。学習の様子を示すだけでなく，支援の内容と成果もあわせて伝えるようにする。

学習全体

学習習慣・家庭環境・その他 ▶ 学習習慣

　子どもの様子
予習・復習にしっかり取り組める子

[所見文例]

- 音読の宿題に毎日取り組んでいることで，音読に対する自信を深めています。授業で音読する際には常に積極的に挙手をするなど大変意欲的です。
- 漢字練習の宿題に毎日取り組んでいることで，確認テストで間違えることがほとんどありません。丁寧な字を書こうという意欲の高まりを感じます。
- 鍵盤ハーモニカの練習に毎日取り組んでいることで，苦手な友達にやさしく教えてあげることができるなど，自信を持って授業に臨んでいます。

 POINT

入学当初は安定した学習習慣を身に付けさせることが大切である。継続し，家庭学習に取り組んでいることの意味や価値を伝える。

　子どもの様子
家庭学習の内容が充実している子

[所見文例]

- 毎日の漢字練習では，ただ書くだけではなく丁寧に取り組んでいることで，点画に気を付けたバランスのよいきれいな字を書くことができます。
- 授業で音読をする際には，聞き取りやすい大きさの声で，なおかつ正しい速さではきはきと読むことができます。
- 鍵盤ハーモニカの演奏では，むずかしかったタンギングも家庭での練習の積み重ねとともに徐々に上手になってきました。いまでは，友達にやさしく教えてあげることができています。

 POINT

家庭学習の内容の充実は学校生活によい影響をもたらす。できていることを，具体的なエピソードを踏まえて伝える。

学習習慣・家庭環境・その他 ▶ 学習習慣

子どもの様子
学習整理がきちんとできる子

[所見文例]

- 朝，登校と同時に自分で支度をし，朝のお手伝いの６年生からいつもほめられています。必要な書類も担任の机の上に向きをそろえて提出するなど，紛失や提出忘れは皆無です。
- 鉛筆をしっかり削ってくるなど，毎日の学用品の準備がしっかりできています。字も丁寧で，ゆとりを持って学習に取り組めています。
- 学用品の準備が整っているのに加え，給食ナプキンを毎日新しくするなど衛生面への意識が高く，手洗いやうがいにもしっかり取り組めています。

 POINT

整理整とんができることがいかに自分の利益となっているかを，具体的な事例を踏まえて伝える。

子どもの様子
よく読書している子

[所見文例]

- 本が好きで，集中して読んでいます。話し言葉より書き言葉のほうが多種で，表現も細やかです。本を読むことで言葉の貯金が貯まっていくので，今後も継続してほしいです。
- 図鑑を見るのが好きで，動物や昆虫といった生き物の知識を蓄えています。休み時間や生活科の虫見付けでは，常に友達の輪の中心にいます。
- 本の紹介活動では，自分の読んだ本のおもしろかったところを的確に話すことができるなど，日頃の読書習慣が生かされました。

 POINT

読書の習慣が身に付いていることを評価する。また，読書することの意味や価値を伝え，継続を促す。

学習全体

学習習慣・家庭環境・その他 ▶ 学習習慣

子どもの様子
宿題や学習準備がなかなかできない子

[所見文例]

✏ 宿題や学習準備が整っている日は授業への集中力が高いなど，やる気を見せてくれます。本人にやるように指示するだけでなく，ご家庭が寄り添って一緒に支度をしてくれることが嬉しいようです。この姿勢を継続し，自覚が高まるよう支援していきます。

✏ 宿題で取り組んだことが成果となって表れていることを大いに認め，取組みの努力と姿勢をほめました。このような評価の積み重ねが自信となり，更に意欲が高まることが期待できます。

 POINT

宿題や学習準備の習慣が身に付くことでどのようなメリットがあるかを伝え，改善に向けて具体的な取組みと期待を伝える。

子どもの様子
予習・復習への意欲が低い子

[所見文例]

✏ たし算ひき算では，授業中に十分理解できなかったことを家でしっかり復習したことで，次の時間は積極的に挙手するなど意欲の高まりを感じました。国語では音読の予習をすることで，授業に積極的になっています。予習・復習の大切さに気付くとともに，楽しさも味わうことができました。

✏ 生活科では，家に帰ってからも虫を探すなど，バッタやコオロギのいる環境やえさについて詳しくなりました。その結果，虫探しではリーダーシップを発揮しみんなと協力して活動できました。

 POINT

予習や復習の意味を伝え，少しでも成果が表れてきていることを具体的に示しながら意欲の高まりを促す。

学習習慣・家庭環境・その他 ▶ 学習習慣

子どもの様子
予習・復習をなかなかしない子

[所見文例]

✏️ かけ算九九ではご家庭で取り組んだ2の段の合格が嬉しかったようです。ほかの段も同様に意欲的に取り組めるようになるには、お家での学習の積み重ねが不可欠です。

✏️ 「今日はどんな勉強をしたのかな？」と問いかけたときに、振り返って答えることが復習になります。学校での声かけを継続して行っていくので、ご家庭でも会話を通して楽しみながら振り返り学習をサポートしてあげてください。

 POINT

不可欠である家庭の協力を得られるよう、家庭学習の積み重ねの先にある姿を提示したり、予習・復習のポイントを伝える。

子どもの様子
家庭学習や読書の習慣が身に付いていない子

[所見文例]

✏️ 漢字5問テストではじめて全問正解したときに大いに喜びました。お家の方と勉強した成果の表れです。家庭学習の取組みがやる気を出させ、自信につながっています。

✏️ 読み聞かせの時間になると集中して聴き入っています。学校では限られた時間でしか行えないので、ご家庭でも時間を見付けてぜひ読み聞かせをしてあげてください。物語の世界に浸ることで、少しずつ自ら本を手に取るようになっていきます。

 POINT

家庭の協力を得られるようにするため、家庭学習の取組みの成果を伝える。また、本を読む楽しさや大切さを味わわせるための手段を伝える。

学習全体

学習習慣・家庭環境・その他 ▶ 家庭環境

[子どもの様子]
学習面から見て家庭環境に恵まれている子

[所見文例]

- 生活科の授業で行った「小さいときの僕私」の単元では，お家の方が赤ちゃんから幼児期までのエピソードを丁寧に話してくださったことで，内容はもちろんのこと，そのお話ぶりからも愛情を受け止めることができたようです。学校で楽しそうに発表することができました。
- 音楽では鍵盤ハーモニカをいち早く覚え，友達に教えてあげられました。ピアノの習い事が自信にもつながっています。これからも楽しみながら続けられると，いっそう励みになると思います。

 POINT

家庭での言葉かけや励ましが，子どもの学習意欲の高まりにつながっていることを具体的なエピソードを交えて保護者に伝える。

[子どもの様子]
保護者の関心が高く，自身もがんばっている子

[所見文例]

- 保護者の方と一緒に地域行事などへ参加していることが，地域に愛着を持つ心を醸成しています。多くの大人に声をかけられ，ほめられることは心の安定と自信につながっています。
- 夏休みに持ち帰ったアサガオが25輪も咲いたと嬉しそうに話してくれました。お家の方が一緒に驚き，共感してくれたことがよほど嬉しかったようです。お家の方のこのような姿勢が○さんの意欲の高まりにつながっています。

 POINT

現在の保護者の関わりと子どものがんばりを高く評価し，今後も保護者が子どもに寄り添う中で継続して取り組めるよう伝える。

学習習慣・家庭環境・その他 ▶ 家庭環境

子どもの様子
萎縮してしまっている子

[所見文例]

- 間違えることを恐れず，授業中の挙手の頻度が上がっています。間違えてもそこから学んだり自分で修正できたりするよう，今後も継続して見守っていきます。
- 係や当番では自分で選んで主体的に取り組もうと努力できました。何かに取り組むことへの意欲は失敗を恐れないことや挑戦することの楽しさを十分味わってはじめて高まります。意欲の高い人は他人の失敗に寛容で笑顔で包める人になります。今後に大いに期待しています。

 POINT

成長した点を伝え，更に自信を持って取り組むことができるよう，保護者に協力を求める点を具体的に提案する。

子どもの様子
なかなか自立ができない子

[所見文例]

- プールに入るときの複雑な着替えも，周りの友達のやり方を見て工夫を加えながら徐々に上手になっています。直接教えるより自信を深めることができるので，自らの気付きを大切にできるよう今後も見守っていきます。
- 生活科のまとめカードでは生き物の飼い方をわかりやすくまとめることができました。教師から教わらなくても，自ら気付きまとめられたことを大いにほめ，更なる意欲につながりました。

 POINT

子どものよさや成長した点を具体的に示しながら，保護者が介入したくなる気持ちをぐっとこらえて，子どもの主体性を育てることの大切さを伝える。

学習全体

学習習慣・家庭環境・その他 ▶ 家庭環境

 子どもの様子
家庭環境が整っていない場合

[所見文例]

- 生活科の「お家で自分にできること」について考えたことを，ご家庭で実践させてくださったことが大きな自信につながったようで，発表では実にいきいき，堂々と表現することができました。
- 音読カードの保護者欄に花丸を書いてもらったことがよほど嬉しかったらしく，満面の笑みでカードを見せてくれました。家庭でのほんの一声，ちょっとした声かけが子どもの心をあたためてくれています。

 POINT

保護者が学校教育に関心を持ち，子どもの話をよく聞いてあげることが，子どもの喜びや意欲付けになることを伝える。

 子どもの様子
保護者の関心が低い場合

[所見文例]

- 登校するなり「今日は鉛筆を削ってきました」と言って筆箱の中を嬉しそうに見せてくれました。聞くと，お家の方と一緒に削ったとのこと。とがって整った鉛筆も嬉しいでしょうが，何より「一緒に」というお家の方の寄り添いが満面の笑みを生み，授業中の集中につながっていました。
- 朝，笑顔で登校し元気にあいさつしながらおいしそうな朝食の話をしてくれるときがあります。朝食の充実が○さんの生活リズムを支えてくれているようです。

 POINT

子どもに対する保護者の関わり方がいかに大切であるかを具体的事実に基づいて伝え，家庭での指導改善を促す。

学習習慣・家庭環境・その他 ▶ 家庭環境

子どもの様子　保護者が子どもの課題に気付いていない場合

[所見文例]

- 集団のルールに従って行動することの大切さを，運動会の練習で考えることができました。並ぶときに並ばなければ，大好きなかけっこができないと気付き，しっかり待つことができるようになってきました。ほかのことにも広げていきます。
- 掃除の時間，一緒に取り組み，進め方のアドバイスをすると一所懸命取り組むことができました。ほかの先生からもたくさんほめてもらえ，充実感を感じられたようです。ほめることで成長を促していきます。

 POINT

子どものよさを認めるとともに，指導の成果を示し，保護者とともに改善に向けて取り組むことができるような所見にする。

子どもの様子　保護者が自信を持てていない場合

[所見文例]

- 朝しっかりとあいさつをすることができます。給食の時間は好き嫌いせずバランスよく食べることができます。これまでのご家庭での丁寧な指導のおかげです。友達にやさしく接する姿からお家の方の人への関わり方を見て学んでいることがうかがえます。
- いつも鉛筆をしっかり削り，持ち物にもしっかりと名前が書かれていることで，気持ちにゆとりを持って学校生活に臨んでいる様子がうかがえます。ご家庭の支えが豊かな心を醸成しています。

 POINT

保護者の中にも自尊感情が低く不安にさいなまれている方がいる。子どもの成長の多くは家庭の教育力の成果であることを伝え，親子とも自信を持たせる。

学習全体

学習習慣・家庭環境・その他 ▶ その他

子どもの様子
欠席が少なく元気に登校できる子

[所見文例]

- 欠席が少なく，元気に学校に通うことができました。たくさん授業を受け，たくさん友達と遊び，多くのことを学ぶことができました。この調子です。今後も見守っていきます。
- 毎朝の健康観察では「元気です」の言葉をたくさん言うことができました。これは，しっかり睡眠を取ってしっかり食事をするなど体調管理を続けた成果です。来学期も休まず元気に登校することを目指しましょう。

POINT
なかなかほめることが少ないと感じる子でも，視点を変えればよい点はある。しっかり見取り伝える。

子どもの様子
転入してきた子

[所見文例]

- 緊張した転入の翌日，友達と手をつなぎながら早速学校探検を行いました。話をするよいきっかけになったようで，表情も和らいできています。今後もさまざまな場面で友達と関わりを持てるようにし，さらなる笑顔につなげていきます。
- 転校してきたその日から，クラスの友達と校庭で手つなぎ鬼をして遊びました。よほど楽しかったのか，翌日自分からみんなと一緒に校庭に出て行きました。友達と遊びながら少しずつ打ち解けている様子がわかります。

POINT
友達と関わる場面に教師も立ち会い，少しずつ慣れてきている様子を具体的な事例とともに表現することで安心感を与える。

学習習慣・家庭環境・その他 ▶ その他

子どもの様子
転校する子

[所見文例]

- 朝は昇降口から友達に元気にあいさつをするなど，よりよい人間関係を自ら結ぶ力を持っています。新しい環境にもすぐに適応し，たくさんの友達をつくることと確信しています。
- 友達が困っているとすぐにかけ寄って声をかけるなど，友達づくりの上で最も大事な状況判断ができます。いままでの様子を考えると転校して数日もしないうちに，友達と笑顔で関わることと思います。こちらの学校と転校先の学校とで友達の輪がさらに広がっていきます。

POINT

転校することへの不安解消のため具体的事実を挙げ，転校先での友達関係についての不安を和らげ期待を持てるようにする。

子どもの様子
新学年に向けて励ましたい場合

[所見文例]

- 授業中の話合い活動では，自分の思っていることを相手に伝えることができるようになってきています。進級したら，新しい友達と休み時間や放課後など，さまざまな場面で関わっていくと更にコミュニケーションの力が伸びていきます。
- 漢字や計算の反復練習もご家庭の支援で飛躍的に丁寧になってきました。その丁寧さが書き取りの正解率やミスのない計算につながりました。次の学年では更に画数の多い漢字や複雑な計算を学習しますが，反復練習を継続していってください。

POINT

いままでの学びや育ちに意味付け価値付けをすることで自信を付け，新たな目標を提示し，次への意欲を高める。

学習全体

学習習慣・家庭環境・その他 ▶ その他

　子どもの様子
不登校傾向の子

[所見文例]

🖊 登校して教室に入ってしばらくすると，登校時の表情とは打って変わって，みんなと楽しく活動することができます。まだしばらくは登校の際，お家の方の協力が必要かと思いますが，教室での笑顔を見ていると，それも必要なくなるときは近いと思います。

🖊 まだ登校に気持ちが向くには少し時間がかかるかと思いますが，朝から教室に入って活動することを目標に，これからも，管理職を中心に，学年・スクールカウンセラー共々支援してまいります。

POINT

教員があたたかく，そして，学校が組織的に寄り添う姿勢を示すことで保護者の不安解消に努める。

　子どもの様子
塾や習い事のマイナス面が気になる子

[所見文例]

🖊 すでに理解している内容に取り組むときには，友達に教えたがるほど大変意欲的に取り組みます。今後は，人にわかりやすく伝える力や友達の意見を聞いて自分の考えを深める力を付けていくことを目標にしていきます。

🖊 サッカーが大好きで休み時間も友達と夢中になって遊び，その関わりの中でコミュニケーションの力を付けています。月曜日の体調が優れないことがあります。土日の練習や試合の後は，睡眠をしっかり取って体力の回復に努めてください。

POINT

先取り学習していることが授業態度に影響している場合，学習の視点を変えるように伝える。運動などで疲れている場合には，体調面を気遣いながら意欲的な取組みを促す。

教科学習

評価の観点と文例の分類について

　今回の学習指導要領では，各教科などの目標や内容が「知識及び技能」「思考力，判断力，表現力等」「学びに向かう力，人間性等」の三つの柱で整理されました。これらの資質・能力の育成に関わるのが，「知識・技能」「思考・判断・表現」「主体的に学習に取り組む態度」の観点別学習状況の評価です。

❶ 知識・技能

　「知識・技能」は，各教科などにおける学習の過程を通した知識及び技能の習得状況とともに，それらを既有の知識及び技能と関連付けたり活用したりする中で，ほかの学習や生活の場面でも活用できる程度に概念などを理解したり，技能を習得したりしているかについて評価するための観点です。

　本書では，主に，知識や概念の習得状況や，知識や概念の習得に向けた器具や資料の活用状況などを評価する文例を分類しました。なお，ここでの知識は，事実に関する知識と手続きに関する知識（技能）の両方を含みます。

❷ 思考・判断・表現

　「思考・判断・表現」は，各教科等の知識及び技能を活用して課題を解決するなどのために必要な思考力，判断力，表現力等を身に付けているかどうかを評価するための観点です。

　本書では，おもに，①問題発見・解決していく過程，②自分の考えを文章や発話によって表現したり，考えを伝え合って互いに理解したり，集団としての考えを形成したりしていく過程，③思いや考えをもとに構想し，意味や価値を創造していく過程，を評価する文例を分類しました。

❸ 主体的に学習に取り組む態度

　「主体的に学習に取り組む態度」は，子どもたちが思考力・判断力・表現力を涵養するために，教科などの見方・考え方を働かせて学ぼうとしている際の，活動やコミュニケーションなどの様子を評価するための観点です。

　本書では，主に，学習に対して粘り強く取り組もうとしている様子や，自らの学習を調整しようとする様子を評価する文例を分類しました。

参考文献：　中央教育審議会（2015）『教育課程企画特別部会における論点整理』
　　　　　　中央教育審議会（2019）『児童生徒の学習評価の在り方について（報告）』

教科学習

国 語

知識・技能

- 回文や折句などの言葉遊びの学習では，自由に発想を広げて，楽しみながら数多くの作品をつくることができました。言葉に対する感性がとても豊かです。
- 話すことが大好きな○さんです。話したいことが相手に正しく伝わるように，姿勢や口の形を意識させながら，母音を中心に，一音一音の発声や発音について指導していきます。
- 書くことが大好きな○さんです。書くことへの意欲を書く力に結び付けていけるように，「おかあさん」「きゃ」「らっぱ」などの音や，「は」「へ」「を」などの助詞を中心に，正しく書き表せるように指導していきます。
- 読書活動をあまり好みません。読み聞かせなどを通していろいろな本に親しむ機会を増やし，読書に興味を持たせていきます。

思考・判断・表現

- 声の大きさや速さなどに気を配り，伝えたい事柄が正しく相手に伝わるように工夫して話すことができました。また，集中して話を聞き，自分の感想を伝えることもできました。
- 家の人に手紙を書く学習では，下書きを丁寧に読み返しながら自分の思いが伝わるように文字の間違いや句読点の打ち方などを修正した上で，清書することができました。
- 「○○○」を読む学習では，順序を表す言葉に注目して内容を正しく読み取ることができました。また，文章の内容と自分の体験を結び付けながら感想を述べていたこともすばらしかったです。
- 読み聞かせが大好きで，いつも身を乗り出して話を聞いていました。主人公になったつもりで演じるなど，物語の世界に身を投じる姿も見られました。

- 自分の思いを伝えることに夢中になり，周りが見えなくなることがありました。相手の話を遮って話し出すのではなく，まずは話し手が伝えたいことを最後まで聞き，それを受けて話をつなぐことができるよう言葉かけをしていきます。
- 自分の考えを整理し他者に向けて表現する力がまだ十分ではないようです。書きたいこと，伝えたいことをたくさん持っているので，事柄の順序に沿って「始め・中・終わり」の構成を考えることができるよう指導していきます。
- 物語の登場人物の表情や口調，行動などをイメージする活動に苦手意識を持っているようです。読書活動には好んで取り組めているので，多くの読み物に触れる機会を増やしながら，自由に想像する楽しさを味わわせていきたいと思います。

主体的に学習に取り組む態度

- 日常生活で用いる言葉や事物を表す言葉をたくさん知っていて，話や文章の中で適切に使うことができました。はじめて触れた言葉を積極的に使おうとする姿勢にも感心しています。
- いろはうたやかぞえうたが持つ言葉のリズムに親しむことができました。かるた大会では，練習の成果を十分に発揮し，読み手名人として友達から称賛されました。
- 毎日，一所懸命漢字の練習に励みました。「とめ，はね，はらい」に気を付けながら，正しく丁寧に文字を書く習慣が身に付き，クラスのお手本になっています。
- 文字を早く書き終えることに気が向いてしまい，筆記が雑になりがちなのが残念です。正しい姿勢や鉛筆の持ち方が身に付くよう繰り返し指導しながら，丁寧に書いたときの文字の美しさや達成感を味わわせていきます。

教科学習

算　数

🔍 知識・技能

- たし算，ひき算，かけ算が短時間で正確にできるようになりました。100マス計算に繰り返し取り組む中で自信を付けたようです。
- 数を数える学習で，数種類の動物が混在している絵を見て動物の種類ごとに分類整理するとよいことに気が付き，それぞれの動物の数を正確に数えることができました。
- 生活科で育てたひまわりの種を数える際に，数えきれないほどのたくさんの種を，100のまとまりを生かして効率よく正確に数えることができました。
- 2桁の繰り上がりのあるたし算，繰り下がりのあるひき算になると，計算間違いが多く見られました。計算の仕組は理解できているようですので，順序よく落ち着いて筆算するよう助言しながら，習熟をはかっていきたいと思います。
- 時計を用いて時刻を正しく読む力が定着していません。時刻と日常生活を関連付けて時計を読む習慣を持つこと，短針や長針の読み方を繰り返し練習していくことなどが必要です。ご家庭でも応援してあげてください。
- 方向やものの位置を言葉で表す場合は，「○の右に△がある」「○は一番前から数えて何番目」というように，基準を明らかにして表現する必要があります。生活の中でも意識してみましょう。

🔍 思考・判断・表現

- 3×4と4×3の違いについて図を使って考え，それぞれの式が表わす問題をつくるなどして，わかりやすく自分の言葉で説明することができました。
- 「紙の4か所を直角に折っていくと長方形ができる」という学習活動を通して，なぜそうなるのかを考え，長方形の定義を説明するこ

とができました。

- 大きさ比べの学習で，移動して直接重ね合わせることがむずかしいものの場合，どのようにして大きさ比べをしたらよいかを考え，自分の筆箱を媒介にして比べられることを発見しました。
- 文章題でどのように立式すればよいか迷うことがしばしばありました。問いと式の関係を理解できるように，ブロックを操作する活動を通して指導していきます。
- 10のまとまりの感覚が弱いようです。おはじきで10のまとまりをつくったり，「3と○で10」のようなゲームを行ったりして，多面的に数をとらえられるように指導していきます。

主体的に学習に取り組む態度

- 身の回りにあるものを数える際に，数のまとまりとしてとらえ，かけ算九九を使って個数を求めるなど，授業で学習したことを進んで生活に活用する姿が見られました。
- 折り紙を折ったり開いたりする活動に夢中になって取り組み，形そのものが変わることや折り目によっていろいろな形ができること，角と角をぴったり重ねるときれいな形ができることなど，たくさんの発見をしました。
- 素早く課題を終えることに気が向くあまり，計算や測定などの正確さに欠けることがしばしば見られました。落ち着いて取り組むことのよさを実感できるように指導していきたいと思います。
- 表やグラフに整理したり，そこから情報を読み取ったりする学習に苦手意識を持っているようです。取り上げる教材を工夫しながら，苦手な学習にも意欲的に取り組めるように支援していきます。

教科学習

生　活

🔍 知識・技能

- 自分の成長を振り返る学習に取り組んだ際，幼いころの写真や使っていたおもちゃ，入学当初に書いた自分の名前や絵などを通して，自分自身の成長を実感したり，成長を支えてくれた家族や先生などのことを考えたりすることができました。
- 「秋探し」の学習で近くの植物園に出掛け，落ち葉や木の実をたくさん拾いました。春に来たときには葉っぱの色が緑色だったことや木の実が落ちていなかったことを思い出し，季節によって様子が違うことに気が付きました。

🔍 思考・判断・表現

- 「おもちゃをつくって遊ぼう」の学習で割りばし鉄砲づくりに取り組みました。うまく輪ゴムが掛けられず途中でくじけそうになりましたが，友達から教えてもらいながら何度も挑戦するうちにコツをつかみ，最後には自力で完成させることができました。
- 動物の飼育の学習でウサギの世話がなかなかできませんでしたが，友達が水を替えたりえさをやったりするのを興味深く見つめていました。動物への親しみを持てるよう少しずつ促していきます。

🔍 主体的に学習に取り組む態度

- 「お手伝い大作戦」の学習で弟の世話に挑戦した際，「やさしいお兄ちゃんになったね」とお母さんに喜んでもらえたのが嬉しくて，学習が終わってからもずっと弟の世話を続けていると聞きました。ご家庭でも引き続き応援してあげてください。
- 町探検の学習でお店の人になかなかインタビューができませんでした。誰とでも恥ずかしがらずに話ができるよう，まずは登下校のあいさつから着実に取り組めるように指導していきます。

音楽

👀 知識・技能

- 範奏を聴いたりリズム譜などを見たりして，拍に乗って上手にリズムリレーをすることができました。安定した抜群のリズム感は特筆すべきものがありました。
- 「呼びかけと応えになっているところが，動物がお話をしているような感じがする」など，曲想と音楽の構造との関わりについて気付くことができました。
- 「兵隊がだんだん近づいてきた後，遠ざかっていく感じがしたのは，だんだん音が強くなって，その後だんだん弱くなったから」ととらえるなど，強弱の変化とその働きが生み出すおもしろさに気付くことができました。
- 必要以上に大きな声で歌ってしまうことがありました。歌詞を伝えることを意識して丁寧に発音する歌い方を助言していきます。

👀 思考・判断・表現

- 音楽を聴いて「元気で楽しい感じ」と感じ取った後，「飛び跳ねるほど元気な感じを伝えたい」と意気込んで楽器を演奏できました。
- 「楽器と友達になろう」という学習で，音楽室を探検し，お気に入りの音が出る楽器を見付けて，奏法を工夫して表現できました。

👀 主体的に学習に取り組む態度

- いつでも楽しく音楽に関わり，体全体で音楽を感じ取って歌ったり聴いたりしていました。照れることなく表現する姿は，クラスのよいお手本となっていました。
- 友達と一緒に歌ったり音楽に合わせて体を動かしたりすることに躊躇する様子が見られました。音楽の楽しさに存分に浸るなかで，表現することの楽しさを感じ取れるように支援していきます。

教科学習

図画工作

🔎 知識・技能

- 絵の具で色水をつくる活動を通して，さまざまな色があることに気付きました。色水の入ったペットボトルを並べ替えながら，ジュースに見立てて感性豊かに楽しむことができました。
- 家から持ってきた大小さまざまな空き箱を並べたり，つないだり，重ねたりしながら，好きな動物をうまく表そうと試行錯誤して，クラスのみんなと「○年○組動物ランド」をつくり上げました。
- はさみやのりなどは日常生活の中で積極的に使うことにより，少しずつ用具の使い方に慣れていくとよいでしょう。

🔎 思考・判断・表現

- 新聞紙を折ったり，丸めたり，やぶいたりしながらイメージを広げ，洋服や帽子，剣などを思い付くままにつくり出すことができました。最後はファッションショーを開いてみんなと楽しみました。
- 自分の好きな遊びを画用紙いっぱいに力強く表現し，最後に大好きな青色の絵の具でバックを塗って仕上げるなど自分の表現を追究していました。作品に向かう集中力がすばらしかったです。
- 友達の作品を見て同じポーズを取ったり，許可をもらってそっと触ったりしながら作品を味わい，よいところをたくさん見付けて相手に伝えることができました。

🔎 主体的に学習に取り組む態度

- どんな造形活動にも感性を働かせて意欲的に取り組むことができました。自在に材料や用具を扱い，思いのままに活動を展開していく姿は，小さな芸術家そのものでした。
- なかなか活動に取りかかれないことがありました。失敗をこわがらずに活動に取り組めるような題材を用意して指導していきます。

体 育

知識・技能

- 跳び箱遊びでは，跳び箱に両手をしっかりと着いてまたぎ乗ったり，上手に体重を移動させてまたぎ降りたりすることができました。友達のよきお手本になりました。
- 苦手だったボールの扱いも，友達と一緒に片手や両手で投げたり取ったりする遊びを繰り返すうちに，自分からボールに向かっていけるようになりました。
- まずは水に顔を付けられることを目指して，入浴の際に顔に水がかかるようにシャワーを浴びるなど徐々に水に親しんでいきましょう。

思考・判断・表現

- 走の運動遊びでは，直線や曲線，ジグザグなどのいろいろな運動遊びの場から，自分に合った場を選んで行うことができました。
- 動物や乗り物などの特徴をとらえることが上手でした。そのものになりきって即興的に踊っている友達を見付けて，動きのよいところをクラスのみんなに伝えることができました。
- ボールゲームでは，提示されたゲームの規則の中から，得点の方法などを選んで遊びました。今後は自分たちで遊び方を工夫して取り組んでみるように助言していきます。

主体的に学習に取り組む態度

- どの運動でもきまりを守って仲よく取り組むことができました。特に鉄棒などの固定施設では，いろいろな姿勢を取ったり，じゃんけんをして登り下りしたりするなど進んで楽しんでいました。
- 運動に夢中になって周りが見えなくなるときがあるようです。運動するときは，近くに危険なものがないか，友達とぶつからないように十分に間隔を取っているかなどを常に意識しましょう。

特別の教科 道徳

所見記入時の留意点

❶ 道徳科で評価するのは「学習状況」や「道徳性に係る成長の様子」です。これを記述式で評価します

学習活動を通じた学習状況では，①より多面的・多角的な見方へと発展しているか，②道徳的価値の理解を自分自身との関わりの中で深めているかに着眼します。

さらに道徳科で養う「道徳性」は，1時間の授業では簡単に身に付かず，容易に判断できるものではありません。したがって，道徳性に係る成長の様子は，学期や学年という長い期間を通して身に付くものであり，これらをとらえて全体的な評価をします。

❷ よい点，伸びた点を書いて励ます評価をします。ほかの子どもと比べて評価するものではありません

道徳科では，本人の長所，成長を認めて励まし，勇気付ける個人内評価を行います。道徳性の発達が遅い子でも，本人としてよい点，伸びた点が必ずあるはずです。もちろん，他者と比べることはせず，どれだけ道徳的価値を理解したかの基準を設定することもありません。

❸ ある授業のエピソードや学期・学年での特徴・進歩を，子ども・保護者に伝えます

指導要録では，1年間という一定のまとまりの期間での特徴や進歩を記述することになりますが，通信簿では，学期やある時間の授業の特徴的なエピソードを書いて，子どもを励まして自己評価を促したり，保護者に伝えたりすることが大変有効です。

❹ 知識・技能は，「道徳的価値の理解」に対応します

各教科のように単に概念として理解するのではなく，自己を見つめたり交流や話し合いを通したりして，現実生活で「生きて働く知識・技能」として習得されたときに評価します。

特別の教科　道徳

5　思考・判断・表現は，道徳的問題について，「物事を多面的・多角的に考え，自己の生き方についての考えを深める」に対応します

　道徳的問題を主体的に考え判断し，対話的・協働的に議論する中で，「自己の生き方」を思考・判断・表現しようとしたときに評価します。

6　学びに向かう力，人間性等は，「よりよく生きるための基盤となる道徳性」に対応します

　「主体的に学習に取り組む態度」として観点別評価を通じて見取ることができる部分と，「人間性等」のように感性や個別の道徳的価値観が含まれるため観点別評価や評定になじまない部分があります。したがって，どのように学びを深めたかは個人内評価で見取ります。

　道徳科では，育成する道徳性を各教科等のように三つの資質・能力で単純に分節することはできません。

7　道徳科の評価が基本ですが，道徳教育の評価を記述する場合もあります

　通信簿の道徳欄は，道徳科の授業を中心とした評価の記述が基本となります。ただし，学校の方針によっては，学校教育全体を通した道徳教育の評価も記述する場合もあります。

8　記入事項の説明責任を果たせるようにします

　道徳の評価においても，なぜこのような評価になったかを問われたときに，具体的に説明できなくてはなりません。そのために大切なものが，評価のもととなる道徳ノート，ワークシート，観察記録などの資料です。

9　評価は一人で行わず，学校として組織的・計画的に行います

　道徳の評価には，学習評価の妥当性，信頼性を担保することが重要です。学校として組織的・計画的に行う「チームとしての評価」は，これを担保する一つの方法です。

特別の教科 道徳

🔍 知識・技能

- 自分のことについてよく考え，自分のよいところや自分の考えについて，ワークノートに記入していました。学習の中では，積極的に友達のよいところを認め，比べて考えることで自分のよさについて考えを深めました。
- よいと思うことを進んで行うことの大切さについて，教材の登場人物を自分のことのように考えたり，自分の気持ちを振り返ったりすることで，考えを深めていました。
- 読み物教材の登場人物を自分に置きかえて，自分なりにイメージをふくらませて発表しています。
- どの教材でも，これまでの自分の体験を振り返りながら，「自分だったらどうするか」と，切実に考えようとしています。
- 身近な人に親切にされた経験をグループで話し合い，交流することで，そのすばらしさやよさについて考えを深めていました。
- 写真を見て「うわぁ……すごい」と思わず息をのんでいました。自然の雄大さやその神々しさを素直に感じ，生命や自然を大切にしています。今後もその心を大切に生活してほしいと願っています。
- 「はしの上のおおかみ」では，やさしく接するくまとやさしくされたおおかみの両方の役割を演じることで，人にあたたかく接することの大切さを自覚していました。

🔍 思考・判断・表現

- 話合いの中で，それぞれの考えの違いや生活経験の違いに触れることができました。自分自身がどのように過ごしたいのか，どんなことに気を付けたいのか，道徳ノートに記入して考えようとしています。
- 学習を通して，友達や身近な人の気持ちを積極的に考えようとしています。

特別の教科　道徳

- 対話を通して，みんなのために働くことでクラスがもっとよくなると自分も嬉しい気持ちになることに気付き，考えを深めています。
- 「○○さんと同じで」や「○○さんと反対で」など，自分の考えと友達の考えを比べながら，どうすればよりよい自分の生活となるかを考えています。
- 「きまりはなぜ大切か」「どうして意地悪をしてはいけないのか」など，友達と積極的に話し合い，自分の考えを深めてきました。相手の考えを聞いて自分の考えを取り入れる発言から，大切なことを学んでいる様子です。
- 「かぼちゃのつる」のかぼちゃはどうすればいいかという話合いで，「自分もつるを伸ばしたいし，迷惑にならない所で伸ばす」と，考えを発表できました。

主体的に学習に取り組む態度

- 自分自身を見つめたり振り返ったりしようとし，積極的に話合いに参加して道徳的な問題に取り組もうとしています。
- 教材の中から道徳的な問題を発見しようとし，その問題について積極的に取り組もうとしています。
- 授業で学んだことを，いつも自分の遊びや日常の生活と関連付けたり，次の授業につなげたりしようとしています。
- 友達との関係について考える学習では，自分の経験に基づく友達との付き合い方について，積極的に話し合いました。「仲よくしたい」という意志を持ち，自分の生活を見直すきっかけとなりました。
- 自然のすばらしさを題材とした教材から，身の回りの自然のよさや動植物の生命の大切さに気付き，これからは自然と親しみ，動植物を大切にしていこうと関心を高めています。
- 「七つの星」の学習で女の子が相手を思いやるあたたかな心に感動し，積極的に発言しました。人の行いに素直に感動し，その心を感じることが自身の潤いとなり，よりよい生活への大きな力となります。

第2章 行動・特別活動の所見文例

所見記入時の留意点

1 日常的な観察によって豊富なデータを収集します

　学習についてよりも，行動や特別活動についてのほうが，客観的なデータを収集し，適切な表現をするのが困難です。日頃より，行動については項目ごとに，特別活動については内容ごとに，子どもそれぞれについてきめ細かいデータを収集し，整理をして記入に備えることが大切です。

2 長所をほめることから書き始めます

　行動では項目について優れているところを，特別活動では内容について活動ぶりの優れているところを書きます。その様子がよくわかり，所見を読んだ子どもが嬉しくなるように書きます。すべての子どもに，長所は必ずあります。

3 欠点については努力の仕方を書きます

　改善を求める所見を書くときは，まず長所を書き，その後に指摘したい内容を書きます。欠点を指摘するだけの記述は避け，こうすればもっとよくなるというトーンで，努力の仕方と励ましを書きます。欠点だけを決め付けるように書くのは最悪な書き方です。

4 進歩・発達の様子を書きます

　よいところへの目の付け方は，長所に目を付けるのと進歩・発達に目を付けるのとあります。2学期，3学期はこの点も書きます。このためには，その時点，その時点でのデータをしっかり収集し，比べることです。

5 わかりやすく，具体的に書きます

　行動の所見を書くときには，項目名をそのまま使ったり，専門用語を使ったりしがちです。子どもの様子がよくわかるように，平易な言葉で具体的に書くことを意識します。

6 プライバシーの侵害，差別にならないように気を付けます

　そのために，学習の所見を書くとき以上に，用字，用語，内容への配慮が必要です。ここが疎かになると，保護者と子どもの心を傷付け，教員が法的に責任を問われることもないとは言えません。

基本的な生活習慣

子どもの様子
あいさつや適切な言葉遣いができる子

[所見文例]

- 大きな声で元気よく，朝や帰りのあいさつができます。○さんの姿を見て，クラスのみんなも気持ちよくあいさつするようになりました。ふだん見かけないお客様にも人見知りせずあいさつができることはとてもりっぱです。
- 誰に対しても，やさしく丁寧な言葉遣いで接しています。また，相手の気持ちを考えて言葉が使えるので，友達からの信頼が厚く，クラスでの交流も日に日に広がっています。

 POINT

気持ちのよいあいさつや適切な言葉遣いによって，円滑なコミュニケーションが取れていることを伝える。

子どもの様子
整理整とんができる子

[所見文例]

- ロッカーや机の中など，身の回りがしっかり整理整とんされており，学習への取りかかりもすばやくできています。忘れ物がなく，ノートもきれいに見やすくまとめるなど，学習を進めるための下地が整っています。
- ふだんから整理整とんの習慣が身に付いており，手際よく学習を進めています。自分の学習状況を整理したり，友達の意見をまとめたりすることも上手で，学習効果を高めています。

 POINT

できている点を具体的に取り上げて，整理整とんができることが学力向上の土台にもなっていることを伝える。

基本的な生活習慣

　　[子どもの様子]
時間や安全への意識が高い子

[所見文例]

✏ 登校するとすぐにランドセルを片付け，授業の準備をしています。休み時間もチャイムが鳴る前に教室に戻ってきて着席しています。時間を守って生活している姿は，クラスみんなのお手本です。

✏ 楽しく，安全な生活を送ろうとする意識が高く，いつも先生の話や指示を漏らさず聞き，進んできまりを守っています。友達にもきまりを守ることの大切さを伝えたり，掃除が時間どおり終わるよう声かけしたり，全体のことを考えた行動ができており，りっぱです。

POINT

時間や安全へのきまりを守り，進んで行動している姿を高く評価し，みんなの模範となっていることを伝える。

　　[子どもの様子]
規則正しく行動することが苦手な子

[所見文例]

✏ なにごとにも意欲的な姿勢を見せてくれます。いっぽうで約束が守れず友達とけんかになることがありました。そのつど話し合い，約束やルールを守り，規則正しく行動することの大切さがわかってきました。ご家庭でも声をかけてあげてください。

✏ 遊びたい気持ちが先に立ったり，最後まで黙って話を聞けなかったりする場面がありました。節度を保って規則正しく行動することの大切さを伝え，自身の行動を振り返るよう指導しています。

POINT

規則正しく行動することは学校生活や，学習の基盤ともなる大切なことである。指導の内容を伝えるとともに保護者の協力を仰ぐ一言をそえたい。

行動

基本的な生活習慣

 [子どもの様子]
時間を守る意識の低い子

[所見文例]

- 自分のペースでじっくり取り組む粘り強さがあります。反面，時間を意識せず，時間内に作業が終わらず悔しい思いをすることがありました。場に応じた適切な行動を一緒に考え見守っていきます。
- 興味のあるものに夢中になり，時間を忘れてしまうことがありました。友達の声かけや担任の働きかけがあるとそのことに気付き行動を直そうとします。友達と一緒に活動する楽しさを実感したことで時間を守って行動しようという意識が高まってきたので，引き続き励ましていきます。

 POINT

マイペースであることは個性の一つでもあるが，集団生活の中では，時間を意識して行動することも必要であることに気付かせ，指導を継続していくことを伝える。

 [子どもの様子]
言葉遣いや行動が乱暴な子

[所見文例]

- いつも元気いっぱい楽しく学校生活を送っています。いっぽうで，うまくいかないことがあると乱暴に物を扱ってしまうことがありました。落ち着いて丁寧な言動を心掛けることの大切さを具体的に指導しています。
- 失敗してしまった友達に対して，ときに厳しい言葉を発してしまい，トラブルになることがありました。相手を責めるだけでなく，どんな声かけがよいか，今後も一緒に考えていきます。

 POINT

感情のまま言動に移すことの問題に気付かせ，集団生活の中で，相手を気遣う心を育てていくことを伝える。

基本的な生活習慣

[子どもの様子]
落ち着いて規則正しく生活できる子

[所見文例]

- 話をよく聞き，落ち着いて行動しています。わからないことがあるときは，質問に来て確かめてから行動に移しています。自らの成功が自信となり，本人のやる気につながっています。日々の成長を感じます。

- 周りの雰囲気に流されず，いま何をすべきかよく考えて行動しています。困ったときに頼れる存在で，友達からも信頼されています。落ち着いた学習態度が学力の定着にもつながっています。

 POINT

教室の中で落ち着いて規則正しく生活している様子を知らせ，そのことが本人の成果や周囲への波及効果をもたらしていることを伝える。

[子どもの様子]
感情にまかせて行動してしまう子

[所見文例]

- 思ったことを素直に相手に伝えられます。いっぽうで，自分の思ったとおりにものごとが進まないとき，感情的に自分の主張を通そうとしてしまうことがありました。どのように感情をコントロールするとよいか今後も指導していきます。

- 友達との交流が活発になり，笑顔を見せることが多くなりました。反面，自分の感情を優先して時間のきまりなど守らないことがありました。規則正しい生活を心掛け楽しく過ごせるよう，励ましていきます。ご家庭でも協力いただきたいです。

 POINT

学校での様子をもとに，改善のために工夫してきたことを具体的に伝え，家庭の協力も得られるようにする。

行動

健康・体力の向上

子どもの様子
元気がよくいつも明るい子

[所見文例]

- 毎朝先生や友達に大きな声であいさつし，元気いっぱいに一日を始めています。休み時間もすぐに校庭に出て，汗をかくまで体を動かし，遊んでいます。一日も休まずに今学期を過ごすことができました。
- 朝の健康観察ではいつも大きな声で「はい，元気です」と返事をします。休み時間にはたくさんの友達と鬼ごっこやかくれんぼをして，笑顔いっぱいに遊んでいる姿が印象的です。

 POINT

学校生活で日々どのように過ごしているのか，保護者が安心できるよう，健康面や休み時間の様子なども伝えたい。

子どもの様子
体調が優れない子

[所見文例]

- 今学期はなかなか体調が戻らず心配でしたが，3月に入って欠席が減り安心しました。少しずつ体力が付き，給食を残す量が減ってきました。バランスよく食べることで体力向上につながります。これからも見守っていきます。
- 体調不良で保健室に行くことがたびたびありました。風邪を引くと長く休みがちで，休み明けは不安になってしまうようです。学校で日々声かけし，○さんの気持ちを受け止めます。ご家庭でも声をかけ送り出してください。

 POINT

保健室に通うことが多かったり，長くお休みしてしまったりする子どもの保護者には，通信簿でも理解と協力を継続してお願いする。

健康・体力の向上

子どもの様子
進んで運動している子

[所見文例]

POINT

- 体育の授業で行ったボール遊びや鬼ごっこを、休み時間にも友達と楽しんでやっています。鉄棒や縄跳びも継続的に練習し、できるようになった技を披露してくれました。これからも続けていってほしいです。

- 体を動かすことが大好きで、休み時間や放課後に校庭に出てはいつも汗びっしょりになって遊んでいます。友達にも「一緒に遊ぼう」と声をかけている姿がよく見られました。みんなで一緒に遊ぶ楽しさを味わっている○さんです。

活動的な子どもには、具体的な場面や様子をとらえ、どんなことがよかったのかを保護者へ伝える。

子どもの様子
運動が苦手で、室内で遊ぶのが好きな子

[所見文例]

POINT

- 運動会に向け一所懸命練習し、みんなで息を合わせてダンスを踊ることができました。休み時間は室内にいることが多かったのですが、運動会後は校庭に出て遊ぶ日も増えてきました。体を動かす楽しさを更に感じられるよう働きかけます。

- 体育でドッジボールをしたとき、最後まで逃げ切ってチームを勝利に導きました。それをきっかけに、休み時間に外に出てボール遊びをするようになりました。今後もこの調子でさまざまな運動を楽しんでほしいです。

運動が好きではなく、室内遊びを好む子どもに対して、今学期の成果を評価してから、更なる改善を促していく。

行動

健康・体力の向上

子どもの様子　心身ともにたくましさを身に付けている子

[所見文例]

- 入学時に比べ，最近は学校生活にも慣れ自信が付いてきたようです。休み時間のたびに友達と元気に遊び回る姿が印象的です。転んでも少しくらいの痛みには泣かずに耐えるなど，大きな成長を感じました。
- 遠足や学習発表会などの大きな行事で，中心となって活躍しました。縦割りの活動を通じて学年を越えて友達が増え，休み時間や放課後に元気に遊んでいます。今後の活躍も期待しています。

 POINT

気力と体力がどちらも身に付くと力が発揮でき自信につながる。自信が付くといろいろなよさも伸びてくる。成長の様子を具体的に伝える。

子どもの様子　食べ物の好き嫌いがある子

[所見文例]

- トマト嫌いを克服できました。学級園で毎日忘れずに水をあげ，大切に育てたミニトマトを「おいしい」と言って食べた笑顔は忘れられません。今後も少しずつ好き嫌いをなくし，体力を付けられるようサポートします。
- 入学時に比べ，給食を残す量が減ってきました。バランスよく食事を取ることで健康・体力の向上につながります。この調子で苦手な食べ物を克服できるよう，見守っていきます。

 POINT

一つ一つ経験を積み重ねて苦手を克服していくことを支えたい。今学期の足跡を具体的に伝え励ます。

健康・体力の向上

子どもの様子
安全に気を付け，けがが少ない子

[所見文例]

🖋 登下校の際，安全に横断歩道を渡っています。学童擁護員に元気よくあいさつもでき，ほめていただきました。校舎内でも落ち着いた生活ぶりで，「廊下を走らない」など安全のためのルールを守り，今学期もけがなく過ごすことができました。

🖋 安全に気を付け，けがをすることなく学校生活を送れています。はさみの持ち方や渡し方など学んだことが確実に身に付き，適切に扱えました。交通安全教室で教えてもらったことも「その日からすぐにやってみたよ」と教えてくれました。

POINT

担任以外の大人からも安全については学ぶ機会が多い。そのことが日々の生活の中で実践されてけがをすることなく過ごせていることを伝える。

子どもの様子
姿勢よくできない子

[所見文例]

🖋 授業開始時には，背筋を伸ばしよい姿勢でノートを取り始めます。しかし，時間が経つにつれ崩れてしまいます。姿勢を正そうとする意識はすばらしいので，ご家庭でも気付いたときに声かけをしてあげてほしいと思います。

🖋 授業中姿勢が悪くなりがちで，そのつど声をかけて意識させるようにしています。それにより，よい姿勢でいられる時間が少しずつ長くなってきています。食事のときの姿勢など，ご家庭でも協力をお願いいたします。

POINT

よい姿勢が長続きしない子どもは家庭でも協力が得られるよう，示していく。姿勢のよくない原因が何かについては面談などで話題とし，通信簿には記入しない。

行動

自主・自律

子どもの様子
苦手なことに取り組めない子

[所見文例]

- 好きなことに対して，高い集中力を発揮できます。いっぽうで苦手なことになかなか取り組めないことがあり，励ましてきました。苦手なことでも，一つうまくいくとやる気につながりました。今後も継続して声をかけていきます。

- 読書記録を付けるようになったことで読書の冊数がぐんと増えました。不得意なものも小さな目標を立てて達成することでやる気につながるという，すばらしい体験ができました。今後も支援します。ご家庭でも見守ってください。

 POINT

苦手なことに対してもやる気を育て，最後までがんばることの大切さを知らせ，家庭でも小さな目標を積み上げていけるよう協力を求めていく。

子どもの様子
自分勝手な行動をしてしまう子

[所見文例]

- なにごとに対しても，やる気を見せ積極的に取り組みます。いっぽうで，周りが見えずに突っ走ってしまうこともありました。そのつど話し合うことで，友達のことも考え歩調を合わせることの大切さがわかってきました。今後も見守ります。

- 自分の考えをしっかり持ち，みんなにわかってもらえるよう努力しました。自分一人の思いだけではうまく進まなかった経験を通して，考えの伝わる話し方や，協力の必要性など学ぶことができました。今後も学んだことを意識しましょう。

 POINT

自ら進んで行動することや自身の考えを伝えることはすばらしいが，独善的になってしまう可能性があることも伝え，注意を促す。

自主・自律

子どもの様子
調子に乗り,羽目を外してしまう子

[所見文例]

- いつも明るく活発に行動しています。勢いあまって騒いでしまい,注意されることもありましたが,次第に周りの友達を意識した行動ができるようになってきました。これからも支援を続けていきます。

- ユーモアのセンスがあり,その場の雰囲気を盛り上げようとする姿勢がすばらしいです。ときに少し度が過ぎることがあり,指導することがありました。その場に合った楽しみ方ができるよう今後も支援していきます。

 POINT

自分らしく積極的に行動できる点を認めつつ,自分勝手にならず周囲に目を配った行動を取ることが大切であることを伝える。

子どもの様子
最後までやりとおす意欲を持っている子

[所見文例]

- 一度やろうと決めたことは最後までやり遂げる強さを持っています。調べ学習をしていた際,チャイムが鳴った後もあきらめず資料を探し,見事なレポートをまとめることができました。今後もそのよさを伸ばせるよう見守ります。

- 時間がかかっても,最後まで丁寧に仕上げています。漢字や計算ドリルなど毎日地道に取り組んでおり,その努力が実を結び,実力を伸ばしています。ご家庭でもあたたかく見守っていただきたいです。

 POINT

最初から最後までやりとおすがんばりと継続が学力向上につながっていることを知らせ,家庭でも努力を認めてもらうよう伝える。

行動

自主・自律

子どもの様子
自分の気持ちを出せずに過ごしている子

[所見文例]

- 最初ははじめての学校生活に戸惑いを見せていましたが，少しずつ慣れてきました。休み時間にわからないことを聞きに来たり，授業で自分の考えを伝えられるようになったりし，成長を感じます。今後も支援していきます。
- グループワークでは穏やかな雰囲気で，誰とでも仲よく活動に取り組むことができています。いっぽうで自分の意見を言えず，言われるままに動いていることもあるようです。少しずつ自分の気持ちを出せるよう指導しています。

POINT
できていることを認めた上で，集団生活の中で，自分の気持ちをきちんと伝えられるようにすることの大切さを保護者にも知らせる。

子どもの様子
明るくのびのびと行動する子

[所見文例]

- 毎朝「おはようございます」と大きな声であいさつをしながら教室に入ってきます。人見知りせず誰にでも気軽に声をかけ，その場の雰囲気をなごやかにしてくれます。クラスのムードメーカー的存在です。
- 天真爛漫な性格で，誰に対しても分け隔てなくやさしく接することができます。気持ちが安定していて，人の嫌がることをせず，相手がされて嬉しいことをするよう意識できています。楽しい学校生活を送る様子を見て安心しています。

POINT
毎日の学校生活をのびのび送れていることや，積極的に周囲との関わりを持とうとしている姿勢を評価する。

自主・自律

[子どもの様子]
進んで行動できている子

[所見文例]

- 遊んでいても，時間を気にし，始業前に教室へ戻り学習の準備をして待っています。そのしっかりした生活力が学習の力にも結び付いています。当たり前のことを当たり前にできる○さん，りっぱです。

- 友達と協力しながら，積極的に当番活動に取り組むことができました。勉強だけでなく行事や係活動などさまざまな場面で自ら率先して動くことができていて，力を伸ばしています。この調子でがんばれるよう今後も支援していきます。

POINT

日常的な子どもの観察を積み重ね，よさを記録しておく。子どもが自ら進んで実践したことが認められ，自信につながるように伝える。

[子どもの様子]
目標を持てず，あきらめやすい子

[所見文例]

- 展覧会の作品づくりで，お家の方に見てもらおうとがんばり，すばらしい作品を完成させることができました。目標を持って取り組む大切さを実感できたと思います。この経験を次に生かせるよう，サポートしていきます。

- なにごとに対してもやる気十分ですが，途中であきらめてしまうこともあり，励ましてきました。ゴールを決め，それに向けて一つ一つ努力を積み重ねられると力が付き，達成感を感じられます。小さな努力を続けられるように指導していきます。

POINT

小さな目標からはじめて，それらを一つ一つ積み重ねていくことの大切さを知らせる。

行動

責任感

子どもの様子
係や当番の仕事を最後までやりとおす子

[所見文例]

🖋 黒板係として，授業が終わるとすぐに黒板を消し，チョーク台やチョーク入れまできれいに掃除していました。放課後も黒板をきれいにしてから帰るなど，自分から進んで仕事を見付け，取り組む姿勢がすばらしいです。

🖋 日直の仕事への取組みがすばらしいです。朝や帰りの会の進行や授業のあいさつを大きな声でできました。自分の仕事へ自覚を持って取り組む姿がみんなのよい手本にもなりました。

POINT

仕事を忘れず，確実に行っていることを評価する。学校にとって必要な役割を果たしていることを認め，自己肯定感を高める。目立たない仕事こそ，教師が注目したい。

子どもの様子
まとめ役として責任を果たしている子

[所見文例]

🖋 話合い活動では，自分の意見を発表するとともに，班のリーダーとして友達の話にもしっかり耳を傾けていました。みんなの意見を整理して互いのよいところを認め合い，班としての意見をうまくまとめることができました。

🖋 お楽しみ会では，会の進行役として常に「クラスのみんなで楽しく」というめあてを意識した言動が印象的でした。おかげでお楽しみ会は盛り上がり，クラスのみんなからの信頼も，よりいっそう厚くなりました。

POINT

自分の役割と責任を自覚し，周りを気にかけながら，目標に向かって集団を引っ張ろうとする姿勢を評価する。

責任感

子どもの様子
準備・後片付けに責任を持って取り組む子

[所見文例]

- 図画工作や理科の時間では，先生の話をよく聞き，手順を守って安全に準備・後片付けができています。後片付けでは，次に使う人のことを意識できていて，すばらしいです。同じ班のみんなのよいお手本となっています。
- 休み時間には，次の授業の学習準備をしてから遊びに出かける習慣が身に付いています。移動のある授業の前には少し早めに戻って来るなど，見通しを持った行動ができています。今後も継続できるよう見守ります。

POINT

自身のやるべきこととして，準備や後片付けが確実にできていることのすばらしさを伝える。また，周囲へ与えているよい影響についても触れる。

子どもの様子
自分の役割を確実にやり抜く子

[所見文例]

- 学芸会の演劇発表では，□□の役をしっかり果たそうと，一所懸命練習に励む姿が印象的でした。友達と協力してセリフやダンスを覚え，本番では，自信に満ちた演技をすることができました。
- 遠足の班長として，水分補給を促したり，疲れた班員の手を引いて歩いたりと常にみんなのために行動しようと努めていました。班長としての役割を果たせ，自信につながったことと思います。よい成長の機会となりました。

POINT

責任を持って取り組む中で，自分なりの工夫をして楽しく取り組めているところを評価する。

行動

責任感

子どもの様子　自分の仕事に集中できない子

[所見文例]

- 好奇心旺盛で意欲的な面がすばらしいのですが，周囲の言動が気になり，自分の仕事に集中できないことがありました。自分のやるべきことに責任を持って最後まで取り組むことの大切さに今後も気付かせていきます。
- 責任感が強く仕事をしっかりやろうとします。その思いが強いあまり，友達の仕事が気になって自分の作業を中断してしまうことがありました。自分の役割と責任を最後まで意識しやり遂げられるよう指導していきます。

責任を持って仕事に取り組もうとする姿勢を認めた上で，最後まで地道ながんばりを続け，自分の仕事をやり遂げることのよさや大切さを伝えていく。

子どもの様子　言い訳が多い子

[所見文例]

- 係活動に進んで取り組んでいました。その中で，うまく進まないと当番を忘れたり上手にできなかったりした友達を責める姿が見られました。友達を助けたり励ましたりすることで，協力してスムーズに進められることを指導しました。
- 体育では，勝ち負けにこだわるあまり，友達を責めることがありました。自分にもできなかった点がないか振り返ることやがんばったことに目を向け，友達を励ますよう声をかけることで，チームと自分の成長につながることを伝えました。

うまくいかなかったことは目に付きやすい。自分の行動を振り返ったり，友達を励ましたりすることで，ものごとをうまく進めるきっかけになることに気付かせたい。

責任感

 子どもの様子
一人ではなかなか取りかからない子

[所見文例]

- 係の仕事を，友達と一緒に忘れずにすることができました。今後は，友達に言われる前に，自分が係の仕事を引っ張る意気込みで取り組めると更によいです。声かけをしていきます。
- 飼育委員として，当番の日にほかの委員が見当たらないと，一人では世話をする準備を進められないことがありました。小動物の飼育の大切さを話してから，一人でも自分から進められるようになってきました。今後も励ましていきます。

 POINT

人に合わせて行動できている点を認めつつ，今後は主体的に取り組むことを期待していることを伝える。

 子どもの様子
決まったことを忘れてしまう子

[所見文例]

- クラスの話合いで決まった約束を忘れてしまうことがありました。みんなで決めたことには意味や理由があり，責任を持って守ることの大切さを伝えました。周りの友達とよりいっそう楽しく過ごせるよう今後も指導していきます。
- 決まったことや先生に言われたことを忘れてしまい，たびたび注意されることがありました。きまりを守ることでみんなと楽しく安全に生活でき，友達からの信頼も深まります。クラスの一員としての責任を意識できるよう，支援していきます。

 POINT

忘れることで自分が困るだけでなく，周りの友達にも迷惑がかかることを伝え，きまりを守る大切さを伝える。

行動

創意工夫

子どもの様子
新しいことに興味を持つ子

[所見文例]

- なにごとにも興味・関心を持ち，自分から取り組もうとする姿勢がすばらしいです。野菜づくりでは熱心に水やりをし，芽が出たことを誰よりも早く見付けました。その後も毎日欠かさず観察ノートに生長の様子を記録できました。

- やる気に満ち，どのような活動にも積極的に取り組みます。体育では長縄跳びのコツを友達に聞き，入るタイミングをつかみました。練習の成果が出て，友達と一緒に記録を更新できました。

POINT

積極的な姿勢を評価するとともに意欲的な追究の様子を具体的に伝える。

子どもの様子
発想が柔軟で多面的に考えることができる子

[所見文例]

- 柔軟にものごとを考えることができます。遊びのルールを決めるとき，いままでのやり方にとらわれず男子も女子も全員が楽しく遊べる方法を考えました。○さんの提案を取り入れて新しい遊びが生まれ，クラスの交流が深まりました。

- アイデア豊富な○さん。お楽しみ会の出し物決めの際，クラスの知恵袋として活躍しました。また，国語や算数の授業においても，新たな視点からの意見や答えの導き方を出し，学び合いが深まりました。

POINT

ものごとをさまざまな角度からとらえようとするよさと，それが実際に学習や生活の場面に生かされていることを伝える。

創意工夫

 子どもの様子
困難に立ち向かい，解決しようとする子

[所見文例]

- わからないことをそのままにせず，質問に来て疑問をなくそうとする姿勢がすばらしいです。○さんを見て，質問に来る児童が増えました。ミスの多かった計算も自ら原因をつきとめ，改善に向け努力できています。
- 図画工作のお面づくりでは，材料の選び方がよくわからず困っていましたが，試行錯誤を繰り返しながらも最後まであきらめず，よい作品を仕上げました。困難に立ち向かおうとする姿勢がすばらしいです。

 POINT

困難な問題でもあきらめず，自力で解決しようとする意欲や努力する態度を評価する。また，改善に向けたその子の道筋を記す。

 子どもの様子
自分に合った方法を工夫する子

[所見文例]

- 朝のスピーチでは，「いつ，どこで，誰と，何をした」と話をする順序を決め，家で書いてきたメモをもとに話をすることができました。要点のまとまった○さんの話し方は，クラスのよい手本となりました。
- 給食当番では，仕事の役割と順番をいつも当番表で確かめ，終わったところに印を付ける方法を思い付きました。「わかりやすい」とグループの友達の評判もよく，声をかけながら，手際よく進めることができました。

 POINT

当番や係活動におけるその子なりの努力や工夫のよさを評価し，それらが学校生活に生かされたことを具体的に伝える。

行動

創意工夫

子どもの様子

好奇心に欠け，消極的な子

[所見文例]

- 慎重で，なにごとも丁寧に粘り強く取り組みます。いっぽうで，新たな活動には自信が持てず，取りかかりに時間がかかることがありました。見通しが持てるよう絵や図を用いて説明すると取りかかりが早くなりました。今後もサポートを続けます。
- 活発で授業中もよく発言します。しかし，わからないことが出てくるとあきらめてしまうことがありました。どう考えるとよいか，いままで習ったことと関連付けたりヒントを与えたりしながら取り組ませていきます。

 POINT

できている点を伝えた上で，新しい場面での意欲を引き出すにはどのようにすればよいのか，また現在どのような指導をしているのかを伝える。

子どもの様子

周りを気にして積極的になれない子

[所見文例]

- ものごとを注意深く考える力が育っています。いっぽうで，正しい答えを持ちながらも，周りの友達と違うと，自分の考えを引っ込めてしまうところがあります。自分の考えを主張できることのよさを伝えているところです。
- 与えられたことにしっかり取り組み，最後までやりとおすことができます。いっぽう，それ以外のことは周りを気にし，なかなか取りかかれないことがありました。進んで課題を見付け自ら学習できるよう，支援を継続します。

 POINT

失敗を恐れず自分の考えを主張することや，自分なりのやり方で行動することが，自信になり実力を高めることにつながることを伝える。

創意工夫

子どもの様子
多面的に考察することが苦手な子

[所見文例]

🖊 まじめに学習し、受け答えもはっきりできます。その中で、ときに自分の考えにこだわりすぎて、なかなか正解にたどりつけないことがありました。友達の意見を聞いたり別の可能性を考えたりできるよう指導しています。

🖊 体育の時間、ボール投げゲームに熱心に取り組むあまり、ルールをめぐって友達と争うことがありました。自分の考えばかりを主張するのではなく、相手の考えも受け止めることで視野が広がり、もっと楽しく遊べることを教えています。

 POINT

見方を変えて考えることや、ほかの考えを受け止めることが、学習や活動の充実につながることを伝える。

子どもの様子
自分らしさを発揮できない子

[所見文例]

🖊 失敗を恐れて授業中、なかなか手が挙がらないことがありました。指名するときちんと答えられるので、そのつど考え方のよいところを伝え、ほめました。今後も認め励ましながら、自信を持てるようサポートします。

🖊 授業中に発言できないことを気にして、学習に自信が持てずにいます。発言は多くありませんが、しっかりとノートを取り、ドリルも最後までやりきり、着実に力を付けています。真摯に取り組む態度を高く評価します。

 POINT

学習や生活の中で見られた、その子なりのよさを具体的に記し、そのよさを更に伸ばしていきたい気持ちを伝える。

行動

思いやり・協力

子どもの様子
困っている友達に親切にできる子

[所見文例]

- 給食の時間に友達が牛乳をこぼしてしまったとき，すぐにふきんをもってきて手助けをすることができました。困っている友達の気持ちを受け止め，助けようとする気持ちをこれからも大切にしてほしいと思います。
- 休み時間に校庭で転んでけがをしてしまった友達をいたわり，やさしく声をかけ，保健室まで付き添ってくれました。周囲に目を配り，困っている人の手助けができるやさしい気持ちが育っています。

POINT

小さな親切も認め励ましていきたい。困っている友達のことを心配したり助け合ったりする経験を積み重ねることで思いやりの心が育ち，友達のよさも実感できる。

子どもの様子
広い心を持ちあたたかみを感じさせる子

[所見文例]

- 幼稚園児との交流会のとき，どうしたら小さな子が楽しく学校探険ができるかを中心となって考えることができました。当日は手をつなぎながら笑顔であたたかい声かけができ，幼稚園児の嬉しそうな顔を見ることができました。
- 昔遊びを高齢者の方から教えていただき，剣玉やお手玉などを通じて活発に交流しました。その後，お世話になった方へ心を込めてあいさつができました。一緒に給食を食べているときの笑顔がとても輝いていました。

POINT

相手のことを考え，やさしく接することができたことを大いに評価する。親切な行動の内容を具体的に記す。

思いやり・協力

[子どもの様子]
感謝の気持ちを素直に表すことができる子

[所見文例]

- お誕生日会で友達からメッセージカードをもらった際,クラスの友達の前で感謝の気持ちを伝えることができました。プレゼントした友達も嬉しそうでした。恥ずかしがらず素直に感情表現できる点がすばらしいです。

- けがをしたとき,保健室に付き添ってくれた友達に「ありがとう」と言えました。日頃から感謝の気持ちを素直に表すことのできる○さんは,友達との関係も良好で互いに助け合いながら楽しい学校生活を送っています。

POINT

自分が受けた善意や親切について考え,感謝の気持ちを素直に表したことをほめる。

[子どもの様子]
行事で思いやり・協調性を発揮した子

[所見文例]

- 運動会のリレー選手に選ばれ,タイムが速くなるように休み時間も友達と励まし合って練習を続けていました。当日はよい結果を残すことができ,互いに協力をしてやり遂げられたことが大きな自信となったようです。

- 学芸会では,友達と相談しながら劇の踊りを考え,みんなで心を一つにして素敵なダンスをつくりあげることができました。この劇づくりを通して,いままであまり話さなかった子とも交流するようになり,友達の輪が広がりました。

POINT

行事を通して,身近にいる友達と仲よく活動し,助け合うことができたことを記述し,充実感や達成感を大切にさせ,自己肯定感を高めることにつなげる。

行動

思いやり・協力

子どもの様子 学習活動で思いやり・協調性を発揮した子

[所見文例]

- 音読発表会に向けてグループ学習をしたとき，それぞれの分担を決め，友達と協力し合って練習を進めることができました。またリーダーとして友達にアドバイスし，励ます場面もあり，頼もしさを感じました。

- 体育のチームリレーで転んでしまった友達を気遣い，励まし応援していました。算数の学び合いでも，解き方がわからず困っている友達にやさしく教えるなど，周囲を思いやりながら学習を深めています。

 POINT

学習活動を通して互いの信頼感や友情が深まっていることに気付かせるような記述を行い，その子の行動のよさを称賛する。

子どもの様子 相手の気持ちを大切にできる子

[所見文例]

- 逆上がりのできない友達に付き合って休み時間に一緒に練習を続けていました。自分のことのように励ましたり，アドバイスしたりする姿に感動しました。友達も逆上がりができるようになり，一緒に喜んでいました。

- 泣いている子にやさしく声をかけたり，けんかしている子の仲裁をしたりする姿が見られました。一人でいる友達にも明るく声をかけるなど，いつも周囲に目を配り，相手の気持ちを大切に行動できています。

 POINT

自己中心的でなく，友達のためによく考えて行動できていたことを記述する。自分の心が豊かになり，人との関わりもさかんになっていることに気付かせたい。

思いやり・協力

［子どもの様子］
協力的な姿勢に欠ける子

[所見文例]

- ボール遊びでチームの作戦を立てるとき，なかなか話合いに参加できませんでした。運動への苦手意識が先立ち，自信が持てなかったようです。コツをつかんだことで少しずつ練習を楽しめるようになり，作戦会議での発言も増えてきました。
- 友達から注意されても，掃除を始められないことがありました。やり方のコツを教えると上手にやり遂げられ，友達からも認めてもらい喜んでいました。これからも，力を合わせることの大切さを指導していきます。

 POINT

わがままと受け止められてしまう行動の背景には，自信のなさや表現力の不足も考えられる。力を合わせて得た成功体験を積み重ねられるよう励ます記述をする。

［子どもの様子］
自分と異なる意見や立場を尊重できる子

[所見文例]

- 高齢者の方々と一緒に遊ぶ会の計画を立てたとき，最初はボール遊びを提案していましたが，友達の意見を聞き，高齢者も取り組みやすいゲームを考え直すことができました。自分と異なる意見や立場を受け入れられる心を持っています。
- 体験入学で外国から来校した子どもに，自分からやさしく声をかけ，友達を誘って一緒に楽しく遊ぶ姿が見られました。お別れ会では，互いの国の遊びを教え合う企画を提案し，楽しい会となりました。

 POINT

自分と異なる考えを受け入れることはむずかしいことである。相手を思いやり，広い心で接することができた態度を評価する。

行動

生命尊重・自然愛護

子どもの様子
動植物が好きで，進んで世話をする子

[所見文例]

- 班で育てることになったザリガニに愛称を付け，大切に世話をしました。いたずらに触るようなことはせず，ザリガニが気持ちよく過ごせるように，すみかを工夫したり水をまめに替えたりしてくれたのに感心しました。

- きれいなアサガオをたくさん咲かせたいと，自分の鉢だけでなくクラスの鉢の世話係にも立候補し，毎朝欠かさず水やりをしました。最初のつぼみに気付いたのも○さんです。花が咲くと，嬉しそうに報告してくれました。

POINT

動植物に興味を持ち，やさしく接し，世話をしようとしている様子を具体的に知らせたい。

子どもの様子
動植物に関心を持ち，進んで調べようとする子

[所見文例]

- 子どもたちの間でザリガニ捕りがはやったことがありました。○さんは，「捕まえるだけでなく大きく育てたい」と，図鑑などで飼育の仕方を調べ，熱心に世話をしました。脱皮が成功したときは大喜びでした。

- 「おいしいトマトになあれ」と願いを込めて，ミニトマトを育てました。上手に育てようと，インターネットを活用し，水をやりすぎないことや支柱への結び付け方などを調べたことに感心しました。

POINT

動植物に関心を寄せ，主体的に観察したり調べたりすることを通して，自然に親しんでいる様子を具体的に記述したい。

生命尊重・自然愛護

子どもの様子
小さな生き物や植物の世話を忘れがちになる子

[所見文例]

- 校庭で見付けたバッタを教室で飼いたいとはりきっていましたが, 何人かで世話をするうちに扱いが疎かになってきました。小さな命も大切にしようと話すと, ○さんは仲間と真剣に話し合い, 草むらに放しに行きました。

- 収穫を楽しみに, ナスやキュウリの苗を丁寧に植え付けました。いっぽう, 班で分担した水やり当番を忘れ, 友達から促されることもあったので, 植物を大きく育てるにはきちんと世話をすることが大切だと話しました。

 POINT

生き物への関心を認めつつ, 命をつなぐには愛情を持って世話をすることが大切であることに気付かせたい。命への慈しみを促す記述を心掛ける。

子どもの様子
高齢者や障害を持った方にあたたかく接する子

[所見文例]

- パラスポーツ体験では, 障害がある方の様子にはじめは驚いていた○さんでしたが, 一緒に運動することを通して徐々に心の距離を縮めました。体験後は, 手紙に感謝の気持ちを素直な言葉で綴りました。

- 高齢者との交流給食では, 礼儀正しく席へ案内したりおかわりを勧めたりと, おもてなしの精神を発揮しました。特に, 杖を使う方にさりげなく歩く速度を合わせ, 段差を気遣うやさしさに感心しました。

 POINT

自分と立場が違う人々も認め, 受け入れる「心のバリアフリー」を尊重する態度を発揮できたことを評価する記述をしたい。

行動

生命尊重・自然愛護

子どもの様子
命の尊さへの気付きが未熟な子

[所見文例]

- 小さな生き物探しの学習では，トンボを上手に捕まえるのに感心しました。しかし，捕ることで満足し，その後に逃がしたり世話したりできなかったのは残念でした。小さな生き物の命の尊さにも気付くよう促していきます。
- いつもたくさんの友達に囲まれています。○さんの明るさや活発さに人が集まっています。いっぽうで，友達に対して否定的な言葉を遣ってしまうことがあるので，相手を尊重する言葉遣いを一緒に考えています。

POINT

子どもの無邪気な行動や言葉の中には，ときに生き物や友達に残酷なものもある。生命尊重の精神に反する，問題となる行動や言葉は具体的に知らせたい。

子どもの様子
自然の変化を豊かに感じ取れる子

[所見文例]

- 通学路などにある草花や樹木から季節の変化を見付け，いつも担任に教えに来てくれました。みんなにも知らせることを促すと，帰りの会で発表してくれました。○さんの影響でクラスのみんなが自然の変化に敏感になりました。
- 登校一番，「秋のにおいがしたよ」と報告してくれたことがありました。キンモクセイの香りに秋を感じたそうです。季節の移ろいを自然から感じ取れる○さんの豊かな感性にはたびたび驚かされます。

POINT

ゲームやテレビなど，子どもたちにとって魅力的な刺激に溢れた生活では，何気ない自然の変化や恵みを見落としがちである。それに気付ける感性を大いに評価する。

勤労・奉仕

子どもの様子
意欲的に働く姿が学級の手本となっている子

[所見文例]

- おたより係として、配布物を責任持って教室へ届け、配りました。特に感心したのは、担任に促されなくても毎日欠かさずポストを確認しに行っていたことです。おかげで○組は配り忘れゼロでした。

- 掃除の時間は誰よりも輝いています。箒で隅々の埃まで丁寧に掃いてくれ、雑巾はこまめに洗い、場所に応じてきちんと拭き上げてくれています。そんな○さんの姿に影響され、○組には掃除上手な子が増えました。

POINT

面倒だと思われがちな、地味な仕事もきちんとできていることを評価したい。勤労の尊さに気付かせるとともに、それができることに自信を持たせたい。

子どもの様子
掃除などの当番活動を好まない子

[所見文例]

- お楽しみ係として、発想豊かにみんなが楽しめるクラス遊びを工夫してくれました。いっぽう、掃除などの当番活動には意欲がわかないこともあったので、みんなが気持ちよく過ごすために必要な仕事について、一緒に考えました。

- 掃除の時間、友達とのおしゃべりに夢中で、作業が疎かになることがありました。なぜ掃除をするのか、誰のためにするのかなどを友達と一緒に考えさせるようにしたところ、協力して取り組むようになりました。

POINT

当番活動を「やらされている」と感じることが、面倒だという気持ちを生む。当番活動の意味をもう一度考えさせる記述を心掛けたい。

行動

勤労・奉仕

子どもの様子
学級や友達などのために主体的に行動する子

[所見文例]

- 登校すると，朝の準備を手際よく済ませ，教卓の花瓶の水を欠かさず替えてくれました。係の仕事でも誰に言われたことでもないのに，そっと当たり前のように毎日続ける姿に感心しました。奉仕の心が身に付いています。
- クラスで夏休みに伸びきった学年園の雑草を抜いていたところ，○さんが「1年生のところも抜きたい」と言いました。1年生が抜くのは大変そうだという気持ちからの提案でした。奉仕の精神に感心しました。

POINT

誰かのために，見返りを求めず無私の気持ちで行動する子どもには，その行動の尊さを認め，賛辞することで自信を付けさせたい。

子どもの様子
何かをしてもらうことが当たり前になっている子

[所見文例]

- 帰りの会の前のごみ拾いなどを，班の友達任せにしがちでした。何も言わずに○さんの分もしてくれる友達に目を向けさせ，誰かにしてもらうだけでなく誰かのためにできる人になろうと話すと，意識して行動し始めました。
- 落とし物を拾ってもらうなど，友達に何かをしてもらったとき，それが当たり前のように素っ気ないときがあります。友達との関係をよりよくするためにも「ありがとう」の一言を自然と出せるように繰り返し促していきます。

POINT

周囲の親切や奉仕に気付かせ，感謝の気持ちを持つことができるようにするとともに，自ら行動できるように指導していくことを伝えたい。

勤労・奉仕

子どもの様子
ボランティア活動に意欲的に取り組む子

[所見文例]

- 地域清掃に進んで参加し、ごみ拾い活動を通して公園や道路に捨てられているお菓子の袋やペットボトルの量に驚いたようです。その体験をもとに、「ポイ捨てはやめよう」と積極的に呼び掛けていました。

- 「地域を明るくする運動」に参加し、駅頭で大きな声であいさつしたことを誇らしげに知らせてくれました。奉仕活動を通してやりがいを味わったことで、地域や社会に積極的に関わっていきたいという気持ちが芽生えたようです。

POINT

ボランティア活動に積極的に取り組むことを通して、自己有用感を高めたり、地域や社会に目を向けていこうとする姿を認め、評価したい。

子どもの様子
ボランティア活動への関心が高まった子

[所見文例]

- 高齢者施設でお年寄りと一緒に歌おうという活動を、○さんははじめ、「やりたくない」と渋っていました。しかし当日、お年寄りが笑顔で歌っているのを見て、「喜んでもらえて嬉しかった」と振り返ることができました。

- 学校回りの落ち葉掃きをする奉仕活動に、最初○さんは、「何でやらないといけないの？」と消極的でした。しかし、クラスみんなで活動した後、きれいになった道路を見て、「気持ちいいね。またやろう」と満足そうでした。

POINT

誰かのために働いたり行動したりすることを通して、やりがいや喜びを実感し、考え方や行動が変容していった姿を具体的に伝える記述にしたい。

行動

公正・公平

子どもの様子
周囲に流されず,自分で判断して正しい行動ができる子

[所見文例]

- 遊びに夢中になり,多くの子が休み時間終了のチャイムを守れなかったことがありました。誰もが「みんな遊んでいたから」と言う中で,○さんはきちんと自身に向き合い,行動を反省していたのに感心しました。

- お楽しみ会の内容について話し合ったとき,仲よしの友達は外遊びばかりを推していましたが,○さんは,「教室遊びが好きな人もいるから」と流されませんでした。公平な態度が,みんなの信頼を集めています。

 POINT

何かを決めたり判断したりするとき,仲よしの友達の意見に傾きがちになる子どもは多い。自分で善悪を判断し,よいと思うことを進んで行おうとする姿を具体的に認め,称賛したい。

子どもの様子
周囲の意見や行動に流されがちな子

[所見文例]

- 休み時間,こっそり体育館で遊び,用具を壊してしまったことがありました。いけないと知っていたのに,「おもしろそうだから」「みんながやっているから」と行動してしまったことを大いに反省していました。けがなどしないよう見守ります。

- 友達同士のじゃれ合いがエスカレートし,みんなで一人の友達をからかって,泣かせてしまったことがありました。友達の涙を見て我に返った○さんは,その場の状況に流された自分を反省し,心から謝っていました。

 POINT

自分でよく考えず,なんとなく大勢に流されてしまう子には,その行動の危うさに気付かせる記述をしていきたい。

公正・公平

子どもの様子
自分の好き嫌いにとらわれず，誰とも公平に接する子

[所見文例]

✎ 遠足の班決めのとき，好きな子と一緒になりたいとこだわる子が多く，なかなか班が決まりませんでしたが，○さんの「仲よし遠足に行くのになあ」の一声で，空気がなごみました。誰とも公平に接することができてすばらしいです。

✎ 仲違いで２つに分かれかけたグループが，程なく元通りの関係に戻っていたことがありました。分かれたどちらにも，それまでと変わらず穏やかに接していた○さんのおかげでした。人と人をつなぐ力に感心しました。

 POINT

友達の好き嫌いで，トラブルを起こす子どもは多い。誰とでも穏やかに接し，周囲をホッとさせるような子どもの様子は大いに認め，称賛したい。

子どもの様子
自分の好き嫌いで行動してしまう子

[所見文例]

✎ グループをつくるとき，仲よしの子と一緒になりたくて，強引に振る舞ってしまうことがあります。そうした行動を相手の立場から振り返り，相手の立場に立った考え方や行動も少しずつできるようになるよう促していきます。

✎ 仲よしの友達と過ごすときはいつも笑顔で穏やかです。いっぽう，ほかの友達に対しては言葉や態度が乱暴になりがちなのが残念です。クラス遊びなどを通して，いろいろな友達のよさに気付き，関係を広げていけるようにしていきます。

 POINT

相手によって態度を変えたり，なにごとにも好きな友達のほうを優先したりする子には，その場その場で相手の立場に立って考えさせる指導を続けていくことを記述する。

行動

公正・公平

子どもの様子
正しいことの基準を自分でしっかり持ち，行動できる子

[所見文例]

- 休み時間にどんなに楽しい遊びをしていても，予鈴が鳴ると切替えて教室に戻ってきます。チャイム着席の意味をきちんと理解し，当たり前のこととして行動できる○さんは，クラスのみんなのよい手本です。

- 授業中，担任にノートを見せに来るように言うと，我先にと小走りになる子が多い中で，○さんは落ち着いて並びます。教室で走ることの危なさがわかり，ルールの意味を理解して行動できることに感心しています。

好き嫌いの感情に流されず，ルールをきちんと守ることができていることを認め，大いにほめたい。ルールを守って行動しているうちに，自ずと公正な心も育っていく。

子どもの様子
公平な態度がみんなの手本となる子

[所見文例]

- 運動会で○さんの組は敗れてしまいました。悔しい気持ちはあったと思いますが，○さんはふてくされることなく，潔く結果を受け入れ，「来年までがんばろう」と友達を励ます姿が大変りっぱでした。

- クラス遊びのゲームの審判役となると，○さんの出番です。仲よしの友達だから，男（女）の子だからと，ひいきするようなことはけっしてしないので，クラスのみんなから厚い信頼を得ています。○さんの公平さはみんなの手本です。

体育のゲーム型スポーツや学級遊びなど，勝敗がある活動で負けを受け入れるのは，低学年の子どもにとって容易ではない。それができた場面を具体的に取り上げ，価値付ける。

公共心・公徳心

子どもの様子
みんなで使うものを大切に扱える子

[所見文例]

- 昔遊びで使った剣玉を,「糸がからまると次のクラスが使えなくなっちゃうよ」と友達に呼び掛けて,一緒に丁寧に片付けていました。みんなで使うものを大事にしようとする態度がりっぱです。公共心が育っています。

- 掃除用具入れが乱雑に散らかっていると,誰に言われたわけでもないのに,しばしば○さんがきちんと整とんしてくれています。みんなが使うものを大切にする○さんの態度は,クラスの手本となっています。

POINT

公共物がわかり,大事に扱えることは,公共心の表れである。具体的な場面をとらえて称賛することで,自信を持って行動できるようにしていきたい。

子どもの様子
みんなで使うものの扱いがぞんざいになる子

[所見文例]

- 壁新聞係となり,楽しく活動しました。学級のマーカーペンを使ったカラフルな紙面が大好評だったいっぽう,使用後のペンの片付けが疎かだったのは残念でした。みんなで使うものを大切にする意味をともに考えるようにしていきます。

- 友達と使ったボールの片付けがいい加減になり,クラス遊びで使えなかったことがありました。みんなが使うものは大事にしなければならないことを反省し,その後は声をかけ合ってきちんと片付けられるようになりました。

POINT

学級や学校のものを,使ったら使い放しにしてしまう子は多い。みんなで使うものを大切にしなければいけないというところから考えさせるよう記述したい。

行動

公共心・公徳心

子どもの様子
人に迷惑をかけないように行動することができる子

[所見文例]

✒ 絵本の読み聞かせのときに，絵が見たくて立ち上がる子がたくさんいる中で，「ほかの人が見えなくなるよ」と，自分が見えなくてもがまんしていました。りっぱな行動として，みんなで称賛しました。

✒ 学校探検のときに，大騒ぎしている1年生に「静かにしてね。いまみんな勉強しているから」と，周囲に配慮した小さな声で注意していました。○さんの成長を実感した瞬間でした。

 POINT

周りの人や状況に気付いて正しい振る舞いができることをほめ，今後も継続できるよう励ましたい。

子どもの様子
公共心・公徳心が未熟な子

[所見文例]

✒ 休み時間に急いで外遊びに行きたいあまり，廊下をかけていくことがありました。引き止めて，なぜ廊下を走ってはいけないのかを確かめました。学校でみんなが気持ちよく過ごすための約束を，今後も一つ一つ確かめていきます。

✒ 遠足のお弁当休憩の後のごみ拾いを，○さんははじめ，「自分はごみを出してないのに」と不服そうでした。しかし，みんなできれいにした場所を見て，誰が出したごみでも拾えば気持ちよいものだと実感したようです。

 POINT

集団への帰属意識が薄く，自分さえよければよいという行動になりがちな子どもには，学級や学校の一員としての自覚を促す働きかけを続けていくことを知らせたい。

公共心・公徳心

子どもの様子
公共のマナーをよく守る子

[所見文例]

- みんなが「はい、はい」と大声で手を挙げるなか、○さんは黙ってよい姿勢で挙手できています。指名すると大きな声で「はい」と返事をして、起立して意見を言うことができます。
- 学区域内を地域探検したとき、○さんは訪問する先々で明るいあいさつや丁寧な言葉遣いをほめられていました。礼儀正しい振る舞いは、公徳心の表れです。学習に協力してくださった方々への敬意が感じられ、感心しました。

 POINT

集団生活を送る上で、決まり事としてのルールだけではなく、マナーも守れる子を評価したい。そこには他者への敬意がある。公共心や公徳心はまさにそこから育つ。

子どもの様子
公共のマナーを軽んじがちな子

[所見文例]

- 授業中は「静かに座っていること」と約束しました。そして、ちゃんと座っていられて偉いね」とほめる機会を増やしました。最近では勝手に席を立って歩くことがなくなってきました。
- 給食をもりもり食べる姿は元気いっぱいです。いっぽうで、口にものを入れたまま喋ったり、食事中大きな音を立てたりすることは、マナー違反だと指導しています。みんなが気持ちよく過ごすために引き続きマナーを意識するよう伝えていきます。

 POINT

子どもがマナーを身に付けるには、周囲の大人が手本を示す必要がある。教師として自らの襟を正すとともに、保護者の意識にも働きかけるような記述ができるとよい。

行動

その他

子どもの様子
登校を渋ったり休んだりしがちな子

[所見文例]

- 校庭での鬼ごっこ、教室でのおしゃべりなど、学校では友達と仲よく過ごしている姿が多く見られました。2学期はみんなと一緒に朝の会が迎えられるよう、今後ともご家庭と連携し取り組んでいきたいと思います。

- 昆虫のことをよく知っている○さん。みんなが一目置いています。学校で見付けたバッタについても、「○さんに聞けばすぐに種類がわかる！」と頼りにされています。得意分野でいっそう輝けるよう、支えていきます。

 POINT

集団生活の中で本人が輝いた場面を具体的に称賛するなどして、学校・学級での本人の存在価値や、学校でしか身に付かないこと、味わえない楽しさに気付かせたい。

子どもの様子
ごまかすことがある子

[所見文例]

- 教室の鉛筆削りをふざけて壊してしまったとき、はじめはそれをごまかそうとしていました。失敗は誰にでもあり、きちんと認めて繰り返さないことが大切だと話すと、「ごめんなさい」と素直に謝り、反省できました。

- 友達に一目置いてもらいたい気持ちからか、事実より大げさな話をたびたびしてしまうことがありました。互いのありのままのよさを認め合い、高め合っていける関係づくりができるように、働きかけていきます。

 POINT

虚言には、本人はほんとうのことと信じている場合と自分に都合のよい状況をつくり出そうとしている場合とがある。よく見極めて、ずるさであれば正す指導を行うことを伝える。

その他

[子どもの様子]
作業や行動が遅くなりがちな子

[所見文例]

- なにごとにもじっくり丁寧に取り組む○さん。文字の美しさや作品の仕上がりは抜群です。いっぽう，限られた時間内に終わらせられず，中途半端な出来に悔しがることもありました。目的に応じて効率よく作業する力を育てます。

- さまざまなことが頭に浮かぶようで，係や当番の仕事に取り組むまでに時間がかかることがありました。取りかかりを早くして最後までやり遂げることができるように，声かけをしていきたいと思います。

POINT

遅くなる原因について見極め，丁寧さや慎重さが原因ならば，肯定しつつ，遅れることで本人が困らないように指導していくことを伝えたい。

[子どもの様子]
作業の丁寧さや慎重さに欠ける子

[所見文例]

- 計算が速く，算数には特に意欲的に取り組んでいます。いっぽう，速さにこだわりすぎて計算ミスが出てしまうのが残念です。丁寧な取組みや見直しによって，さらに力を確かなものにできるように助言を続けます。

- 生活科のカードには，トウモロコシのひげと実がつながっていることを記録していました。すばらしい観察眼です。発見をさらにしっかりとみんなに伝えるために，書字や色塗りも丁寧にできるよう，指導を続けていきます。

POINT

とにかく早く終わらせようと，課題や作業への取組みが雑になったり慌ててしまったりする子は多い。じっくり取り組むように指導していくことを伝える。

行動

その他

子どもの様子
力があるのに消極的になりがちな子

[所見文例]

- 当番や係の仕事を，責任を持ってきちんとやり遂げます。また，穏やかで誰とでも仲よくでき，みんなに好かれています。控え目な姿勢は素敵ですが，○学期は係のまとめ役を任せ，○さんに備わっている力を引き出し育てていきたいです。
- 音読が大変上手です。特に会話の部分は，登場人物になりきり，感情を込めて読むことができます。目立つことには消極的ですが，学芸会ではセリフの多い役に挑戦することで力を発揮し，自信を付けてもらいたいです。

 POINT

十分に力がありながら，控え目で，目立つことや先頭に立つことを避ける子どもには，リーダー役などに挑戦する機会を与えることで背中を押していくことを伝える。

子どもの様子
学習用具や宿題を忘れることが多い子

[所見文例]

- 授業中に積極的に挙手し，進んで発言するなど，学習意欲が旺盛です。しかし，忘れ物が多く，意欲を生かしきれないのが残念です。前日の持ち物点検を習慣付け，安心して学習に向かえるよう，協力をお願いします。
- 授業の時間にはできているのに，次の日になるとできなくなっていることがあります。家庭学習や宿題にしっかり取り組むことで補っていけるので，机に向かう時間などを決めて少しずつ習慣付けられるよう，協力をお願いします。

 POINT

口頭で注意したり指導したりするだけでは，改善ははかりにくい。忘れないための具体的な工夫を示し，家庭の協力を得られるようにしていきたい。

その他

子どもの様子
友達とトラブルになりやすい子

[所見文例]

✎ 遊びに夢中になると，友達を長く引き留め，困らせてしまうことがありました。声をかけると，自分の行動を振り返ることができています。友達と楽しく遊べるよう，気持ちの切替え方を○さんとともに考え，実行できるように励ましていきます。

✎ ○さんはふざけ合っているだけのつもりでも，自分が思う以上の力が相手にかかり，けがをさせてしまうことがあるのが心配です。安全な遊び方や力の加減の仕方を一緒に考え，促していきます。

 POINT

保護者も本人も困っていることが多いので，問題の指摘だけの記述にせず，問題が大きくなることを心配していることや，協力して対応を考えていく姿勢を伝える。

子どもの様子
大人びている子

[所見文例]

✎ テレビ番組など，いろいろなことについてよく知っている○さんは，クラスのみんなにたくさんの話題を提供してくれています。いっぽうで学校の授業に必要ないものを持ってきていることがあり指導しました。ご家庭でもご注意ください。

✎ いつも元気で，休み時間は仲のよい友達とのおしゃべりで笑顔が絶えません。ただ，班での活動でうまく作業を進められない友達に対し，急がせることがありました。いろいろな友達と上手に活動できるように指導していきたいと思います。

 POINT

さまざまなことを知っていたりできたりするのはよいことだが，そのことで友達を見下すようなことがあるならきちんと伝え，同年齢の子との関係を築けるように助言する。

特別活動

● 学級活動

🔍 知識・技能

- 話合いのときは，話をしている友達のほうを向いてしっかりと話を聞き，うなずいたり拍手をしたりしていました。はじめのうちは，友達の意見を気にして，なかなか自分の意見を言いにくいようでしたが，次第に自信を持ち，自分の考えを大きな声で発表できるようになりました。すばらしい成長です。

- 司会の役割を見事にやり遂げ，みんなのよいお手本になりました。クラス全体で話し合おうという気持ちを持ち，「違う意見の人はいませんか」などと促しながら，できるだけ多くの人の意見を聞いて決めようと努力していました。

- 学級会で黒板記録をしたとき，やや不安そうでしたが，一所懸命発言を聞き取り，大切なことを漏らさないように板書しました。みんなに信頼され，自信が付いたようです。

- ドッジボール大会の審判係になり，ゲームを楽しく進めていました。みんなをまとめるのがとても上手です。

- 内遊びや外遊びの約束をきちんと守り，晴天の日には教室で遊んでいる友達がいると，声をかけ合って校庭で遊ぶようにしていました。

- 校庭のジャングルジムや鉄棒を使うときには，約束をきちんと守り，友達と仲よく遊んでいます。

- 休み時間の後には必ず手洗いやうがいをし，自分の健康を守る習慣が身に付いています。

- 給食のときは食前の手洗いはもちろん，食事のマナーを守ってグループのみんなと楽しく食事をすることができました。

- 登校，下校のときは通学路をきちんと守り，交通安全に気を付けています。

- 給食当番では身なりをすばやく整え，手際よく運搬や配膳をしていました。

思考・判断・表現

- みんなが仲よくなるために，クラス遊びについての議題を出すことができました。話合いでは，クラス遊びの大切さについてわかりやすく説明して共感を得ました。みんなのために自分から行動したことは大きな成長です。
- 自分の係以外でも困っている友達を見かけると，進んで手伝ってあげています。みんなの力でクラスをよくしていこうとする気持ちが表れています。
- 図書係として，自分の読んだ本の中からおもしろいと思った本を帰りの会で紹介したり，掲示物で紹介したりしてくれました。
- 掲示係として，係のお知らせを学級活動コーナーに工夫して貼っていました。そのほかにもきれいな飾りをつくって，クラスの雰囲気を明るくしていました。
- レク係になり，雨の日には教室で遊べる楽しいゲームを考え，みんなを楽しませてくれました。
- 誕生日会では，みんなに呼びかけて心の込もった手づくりのプレゼントを渡したので，とても喜ばれました。お祝いされる人の気持ちをよく考えていたと思います。
- お楽しみ会のプログラム係になり，プログラムに絵を描いたり折り紙を貼ったり，工夫してきれいに仕上げてくれました。

主体的に学習に取り組む態度

- 自分が受け持った係の仕事は，言われなくても責任を持ってやり遂げました。また，同じ係の友達と協力し，工夫して活動することもできました。
- はじめは，係の仕事を忘れることもありましたが，しっかりやろうと努力しました。その気持ちが友達にも通じ，声をかけ合い励まし合って仕事を進めていました。
- 草花係として，朝や休み時間に熱心に草花に水をやっていました。

特別活動

- 学級活動コーナーに「見付けたこと」を絵に描いて貼り，みんなに紹介していました。
- 誕生日会の司会になり，司会の練習を熱心に行っていました。その成果が出て，会のときは自信を持って司会をしていました。
- お楽しみ会では，友達と協力して劇を考え楽しく演じていました。楽しい雰囲気をつくり，盛り上げてくれました。
- お楽しみ会を盛り上げようと進んで飾り係を引き受け，教室の飾り付けを工夫していました。
- 転校する友達のお別れ会では，仲よしのグループで心を込めて歌を歌い，別れを惜しんでいました。
- 球技大会ではチームの中心となって活躍していました。会の後片付けも自分から進んで熱心にやってくれました。
- 日直当番のときは，決められた仕事を忘れずにきちんと行っています。休み時間には机が曲がっているのを直したり，落とし物を拾ったりしていました。
- 掃除当番のときには，教室のすみまでごみが落ちていないか気を付けて掃除をしていました。友達にも声をかけてきちんと行おうと努力しています。

● 児童会活動

知識・技能

- 朝の児童集会では，集会委員の説明をよく聞き，ルールを守り，友達と協力して楽しそうにゲームに参加していました。
- 縦割り班の集会では，5年生や6年生の言うことをよく聞いて楽しそうに活動していました。そこで覚えたゲームはクラスでも友達を誘って行っています。

思考・判断・表現

- 代表委員会のお知らせをよく聞いていて，学級会のときに話合いの

議題として提案してくれました。
- 体育集会のとき，縄跳びの跳び方を体育委員に何回も聞いて練習していました。休み時間には友達みんなを誘って二重跳びの練習をしていました。

主体的に学習に取り組む態度
- 委員会活動の発表で，放送委員会の発表を真剣に聞いていました。給食のときの放送をみんなできちんと聞こうと呼びかけていました。
- 音楽集会のときには，音楽委員の指揮や伴奏に合わせて楽しそうに歌っていました。すぐに歌を覚え，休み時間にはみんなに教えてあげていました。

● 学校行事

知識・技能
- 入学式では新入生を代表して教科書を受け取り，大きな声でお礼を言うことができました。この経験を今後の成長につなげ，指導していきます。
- 始業式では，新しい学期を迎える抱負を堂々と発表し，みんなから大きな拍手をもらっていました。
- 終業式では，学級の代表として○学期を振り返ってがんばったことや楽しかったことを，はっきりと大きな声で発表していました。
- 健康診断や予防接種のときには，校医の先生にきちんとあいさつができました。衣服の脱ぎ着も速く整とんもきちんとできています。
- 火事を想定した避難訓練では，避難放送をしっかりと聞き，約束を守ってきびきびと行動しました。
- 運動会では，プログラムの進行をしっかりと頭に入れて，準備や整列など，きびきびと行動できていました。また，上級生の競技や演技のときには自席から一所懸命応援していました。

特別活動

思考・判断・表現

- 遠足では，友達と仲よく楽しい遠足にすることを目標にしました。当日は，友達と手をしっかりつなぎ，目的地ではみんなと仲よく遊んでいました。
- 運動会の短距離走では，ゴールまで走りきることを目標に，一所懸命がんばりました。惜しくも1等にはなれませんでしたが，とてもさわやかな表情でした。目標を持ってがんばった○さんの大きな成長を感じました。
- 学芸会の劇では，友達の演技のよいところをほめ，よりよい作品にするためにアイデアを出し，助け合って練習していました。本番ではその成果を発揮し，いきいきと演技していました。
- 6年生を送る会では，学年の出し物を考えるときにたくさんアイデアを出してくれました。当日は大成功でした。

主体的に学習に取り組む態度

- 入学式の新入生を迎える歌と呼びかけを，計画に沿って熱心に練習し，当日はみんなと心を合わせて声を出していました。
- 遠足の電車内では，自分が静かにしているだけでなく，周りの友達にも「静かにしよう」と声をかけていました。その態度はりっぱです。
- 運動会の玉入れでは約束を守ってはりきって競技をしていました。力を合わせてがんばろうと友達を励まし，いきいきと取り組んでいました。
- 運動会ではリレーの選手となり，ほかの学年の人との練習に熱心に取り組んでいました。当日はその成果が出て，バトンパスも上手にできました。
- 展覧会の共同製作では，友達と協力して取り組む姿が見られました。
- 全校清掃活動では，校庭の石拾いを黙々と行っていました。ものごとをいい加減にせず，自分が納得するまでやり続ける態度がりっぱです。

第3章 特別な配慮を必要とする子どもの所見文例

所見記入時の留意点

❶ 学習指導要領における障害のある子どもの指導について

　2017年改訂の学習指導要領では，特別支援学級や通級による指導における個別の指導計画等を全員分作成すること，各教科等における学習上の困難に応じた指導の工夫を行うことなどが示されました。

　特に，解説の各教科編において，学びの過程で考えられる困難さごとに，指導上の工夫の意図と手立てが例示されました。

❷ 個別の教育支援計画や個別の指導計画の内容に留意します

　通常の学級に在籍している障害のある子どもについては，各学校で合理的配慮が提供されている子どもや，個別の教育支援計画や個別の指導計画に基づいて指導・支援されている子どもがいます。

　通信簿の作成にあたっては，それらの内容をよく把握し，必要に応じて保護者と連携をはかるとともに，特別支援教育コーディネーターや校内委員会での話合いも参考にしながら，所見を記入するようにします。

❸ 個人内の成長過程を大切にします

　通信簿の作成にあたっては，子どもの問題行動に着目するというよりも，その問題行動が障害の特性から発生していることを念頭に置きます。

　そして，ほかの子どもと比較するのではなく，対象となる子どもが努力したこと，成長したことなどについて記述します。特別な配慮を必要とする子どもは，ふだんの学校生活において自信を失っていたり，不全感を感じていたりすることがあるため，通信簿を通して，自己肯定感を高めることに留意します。

❹ 支援者からの評価も参考にします

　今日の教育現場では，特別な配慮を必要とする子どもに対して，さまざまな支援が工夫されるようになりました。支援者や支援機関は，支援員や介助員，個別指導，専門家による巡回相談，通級による指導，医療機関等との連携など多様です。

　担任は，子どもが受けている支援をしっかりと把握し，それぞれの担当者から定期的に評価を受け，所見で触れることも考慮します。

特別な配慮を必要とする子ども

学習面の困難がある

 子どもの様子
話を聞いて考え理解することが苦手

[話を集中して聞くこと]

🖊 なるべく黒板に集中しやすい座席の位置にし，全体への指示や説明も，席の近くでするようにしました。話し手に視線を向けることができているときに，ジェスチャーをしながらほめると，話に集中できる時間が少しずつ長くなりました。

[口頭での指示を聞くこと]

🖊 話し始めるときに，アイコンタクトを取ったり指示を簡潔にしたりしたことで，みんなと一緒に迷うことなく行動できることが増えました。一緒にできたことで楽しさを味わうことができました。

 POINT

全体指導の中で，話が理解できていないことが多い子どもに対し，原因に応じた支援を行うことで，できるようになったことを評価する。

 子どもの様子
言葉によるコミュニケーションが苦手

[気持ちの伝え方]

🖊 １対１の穏やかな雰囲気の中では，安心して話すことができました。わかってもらえたときのあたたかい気持ちを味わわせ，言葉にしたほうが伝わることを経験的に感じられるようにしていきたいです。

[学級や班での話し合いへの参加]

🖊 話合いでは，発言以外にネームプレートや意見カードなどを用いて，いろいろな方法で意思表示ができるようにしました。自分で方法を選んで，自分の考えを出すことができました。

 POINT

子どもが，言葉で表現することを苦手としていても，教師は理解者でありたい。さらに，周囲に発信できるようになるよう支援していく道筋を示す。

学習面の困難がある

子どもの様子
音読に時間がかかり、読むことに関して消極的

［行・語句の読み飛ばしや読み違い］
✎ 語句の区切りがわかるように印を書き入れたことで、2〜3文字の単語をまとまりとして読むことができるようになってきました。長いひらがなの単語を読む練習をしていきます。

［文の意味を正しく読み取ること］
✎ 日常的に様子を表す言葉集めを行い、語彙を増やすようにしました。まとめて全部「大きい」と表現していた事柄を、「高い」や「太い」のような、より適切な言葉を選ぼうとすることができました。

 POINT
教科書の教材文の音読や内容理解を支える力を身に付けることができるような具体的な支援を行い、そこに見られた成長を記述する。

子どもの様子
学習の書く場面で、なかなか書き進められない

［板書事項を書き写すこと］
✎ 声に出しながら、ノートに書き写すペースと同じになるようゆっくり板書すると、一文字ずつ丁寧に書くことができました。言葉のまとまりを意識して書くことができるよう練習していきます。

［考えを文章にまとめること］
✎ 気持ちカードの中から自分の思いに近いカードを選び、それをヒントにして、思ったことを文に書きました。カードを選ぶときに、自分の気持ちとその言葉の語感がぴったりくるか、よく考えることができました。

 POINT
板書を書き写す、感想を書く、といったことを苦手とする子どもは少なくない。自分なりに書くことができる手立てを子どもとともに考えていく姿勢が大切である。

🈁 特別な配慮を必要とする子ども

学習面の困難がある

 子どもの様子
練習を重ねても文字の読み書きの習得が困難

[ひらがなや特殊音節の読み書き]

✏ ひらがなは，書き始めと終わりの位置を確認して練習しました。むずかしい文字は，途中で通るところにも点で印を付けると，文字の形を整えて，正しく書くことができました。印を徐々に減らしていきます。

[漢字の読み書き]

✏ 漢字のたし算，ひき算の問題を考え，友達と出題し合いました。絵としてとらえる見方から，部分の組み立てで覚えて書くことにつながりました。共通部分に気付き，部首に興味を持ちました。

 POINT

単に練習量を増やすのでは，成果が望めないばかりか，子どもが意欲を喪失しかねない。視覚や聴覚における記憶の苦手さに応じた支援を行い，できたことを記述する。

 子どもの様子
形をとらえることがむずかしい

[鏡文字や画数を間違えた漢字を書く]

✏ 斜めの線をマス目のどの辺りにどのような向きで書くのか，確認しながら練習したところ，文字のバランスがよくなり，向きの間違いもなくなりました。苦手意識のあった文字を正しく書くことができるようになりました。

[図形の学習でイメージをつかむこと]

✏ 色板の敷き詰め遊びや算数ブロックを指示通り手早く並べる学習で，できるという自信を持つことができました。形の問題は必ず具体物で確認し，理解を深めるようにしました。

 POINT

全体や部分を見たり，目で見た位置に手を動かしたり，器用に指先を動かしたりといった力が求められる。子どもの苦手に寄り添って行った具体的な支援内容を記述する。

学習面の困難がある

子どもの様子
計算の仕方などがなかなか定着しない

[計算に対するつまずき]

✎ 繰り上がり，繰り下がりのある計算の手順を短い合い言葉にして覚えました。忘れても合い言葉で，計算の仕方を思い出すことができるので，課題に安心して取り組むことができるようになりました。

[定規やグラフの読み取り]

✎ 長さ比べのときに，マス目を飛ばして数えたり，数える場所がずれたりしてしまいました。マス目と同じ大きさの紙を置きながら数えると正しく目で追い，間違えずに数えることができました。

 POINT

繰り返しの練習を重ねても手順が覚えられなかったり，よく見ることがうまくいかなかったりする。できないときに，子ども自身が確認できる手立てを示し励ます。

子どもの様子
因果関係を理解することが苦手

[因果関係の理解]

✎ 身近な事柄を「○○したらどうなるクイズ」にしました。結果を予想し，当たり外れを楽しむ中で，結果につながる原因があることを意識できるようにしました。一所懸命，結果を予想し，正解することができました。

[文章問題の理解]

✎ 文章を一緒に読み，絵や図に表すなどして，問題の場面を想像しやすくするようにしました。どのような場面で何を問われているのかわかると，自分で正しく立式し，答えを出すことができました。

 POINT

学習の場面や人との関わりの中で，結果を推し量ったり，受け入れたりすることがむずかしい。子どもが納得しやすい条件を整え，指導を重ねていることを記述する。

特別な配慮を必要とする子ども

学習面の困難がある

子どもの様子
指先を使った作業が苦手

[はさみなどの道具を使いこなすこと]
- はさみを使うときの指の動きがスムーズになるよう，親指，人差し指，中指の曲げ伸ばしを練習しました。厚めの紙で切る長さを少しずつ長くしました。手首を支えてあげると，連続で切ることができました。

[楽器の演奏]
- 口の体操や5本指タッチゲームなどを通して鍵盤ハーモニカの練習の準備をしました。うた口をくわえ続けることや5本の指を使って弾くことへの抵抗感がなくなってきました。

POINT

指先がうまく使えないために，学習で使う用具の扱いがむずかしい。スモールステップで成功経験を積み重ね，やってみたいという気持ちを引き出していることを記述する。

子どもの様子
運動が苦手で，外遊びにも消極的になりがち

[走り方]
- つま先に体重を乗せて，その場ジャンプをしたり，前後に腕を大きく動かしたり，バランスを取ってまっすぐ速く走る練習をしました。運動会では，自分のコースを力いっぱい走ることができました。

[縄跳びやキャッチボール]
- 縄の中央に紙の筒を通して，前跳びを練習しました。縄が地面に着いたらジャンプする，というタイミングがわかりやすくなり，跳べる回数が増えました。次は，後ろ跳びに挑戦しています。

POINT

どこが苦手でつまずいているのか見極め，姿勢を支えるバランス感覚を高めるなどして，できることを増やしていけるようサポートしていることを伝える。

学習面の困難がある

子どもの様子
気になることがあると，注意がそれてしまう

[課題に取り組むこと]

✎ 課題に取り組むとき，スタートが遅れないよう，また途中で手が止まらないよう，「ここまで終わったんだね」「がんばっているね」と声かけをしました。進み具合を意識しながら最後までやり遂げることができました。

[活動の途中でほかのことを始める]

✎ 朝や帰りの支度の途中で手が止まってしまうことが多かったので，タイマーで時間を計ってみました。自分で目標タイムを設定し，終わるまで，集中して行うことができました。

 POINT

目に入った物や聞こえてきた音や声，ちょっとした刺激に注意がそれてしまい，集中を続けることがむずかしい。個別の支援を行っていることを記述する。

子どもの様子
調べたりまとめたりすることが困難

[調べ方]

✎ アサガオのどんなところに注目して観察するのか，確認しました。観察ポイントの中から，「数」「色」「手触り」の三つを選び，よく見て気が付いたことをカードに書くことができました。

[まとめ方]

✎ 自分が思ったことを書くだけでなく，いいなと感じたり，同じ気持ちだと思ったりした友達の考えも書くよう促すと，友達の発表にも興味を持つことができました。今後も声かけを行います。

 POINT

自分で課題を設定したり，その解決のために調べたりまとめたりするのが苦手である。どのような支援をしているか，具体的に説明し励ましていることを伝える。

|特別な配慮を必要とする子ども|

行動面の困難がある

子どもの様子
整理整とんが苦手で忘れ物が多い

[忘れ物]

✎ 指示をシンプルにして，すぐ確実に行うことを積み重ねました。指示通り行えることが増えてきています。朝の支度の手順をイラストで示したところ，自分で忘れずに宿題を提出することができました。

[整理整とん]

✎ 道具箱やロッカーからの出し入れがスムーズにできるよう，一つ一つの動作を練習したり，手順をカードで確認したりしました。両手を上手に使って出し入れできるようになりました。

POINT

不注意である場合もあるが，指先の巧緻性や，姿勢や動作に課題がある場合もある。いずれにしても，具体的な支援を行い，成長が感じられる内容を記載する。

子どもの様子
注意がそれやすく一斉指示に従った行動が苦手

[注意の集中]

✎ みんなと一緒に指示を聞いて行動することを目標にしました。話しはじめに注目できると，最後まで聞いて指示通りに課題に取り組むことができました。できたことを積極的にほめるようにしました。

[複数の事項に注意を向けること]

✎ 指示を明確にし，短い時間集中して，できた経験を積み重ねるようにしました。ゴールがはっきりしたことで，がんばったらできた，という自信につながり，意欲が増しました。

POINT

興味を持った物に注意が取られたり，話を聞くことが苦手で，ぼんやりしたりする様子が見られる。見て確認できる物を示すなど支援していることを伝える。

行動面の困難がある

[子どもの様子] 離席するなどじっとしていることが苦手

[離席]
- 学習中，席を離れてもよい範囲は教室の中だけと約束し，学習に取り組むことができるようになったら自分で戻ることを約束しました。戻るまでの時間が短くなってきています。

[気持ちを落ち着けること]
- 音を軽減するために，机や椅子の脚にテニスボールを付けました。学習は，短い集中を繰り返す流れで行い，区切りで身体を動かすことができる場面をつくったところ，落ち着いて学習に取り組めるようになりました。

動くことをまったく認めないのではなく，動ける機会をつくるなど指導の工夫をしながら徐々に本人の自己理解を高め，自身をコントロールできるよう支援していることを伝える。

[子どもの様子] 自分の思いで突発的に行動してしまう

[学習への取組み方]
- 座席を後方にし，友達が手を挙げている様子を見えるようにしたり，指名までの時間を少しずつ長くしたりしました。挙手したときにすぐ指名されなくても，その後の学習に取り組むことができるようになってきました。

[指示や順番を待つこと]
- 説明の途中で離席したり自分だけはじめてしまったりすることを減らすことを目標にしました。つい離席してしまったときに，自分で気付いて戻ることができました。

出来事を自分の受け取り方でとらえ，衝動的に行動したり，待つことが苦手であったりすることに対し，自己肯定感が低くならないよう支援していることを伝える。

特別な配慮を必要とする子ども

行動面の困難がある

子どもの様子
集団生活の中で衝動的な行動が多い

[突発的な行動]

✎ 自分の思いで突然走り出してしまうことがありました。交通安全の話のときに「学校でも同じだ」と発言しました。それ以来，クラスみんなで安全に気を付けて過ごしています。ぶつかったときは互いに謝ることができました。

[危険の予測]

✎ 嬉しい気持ちを伝えたくて友達に飛びついたときに，相手をびっくりさせてしまったことに気付くことができました。それからは，周囲の様子を見て，危険な行動を取らないようになりました。

 POINT

衝動的に行動してしまうがゆえに，危険と隣り合わせの状況がある。本人の意欲を認め，集団の中での行動の仕方を身に付けることができるよう指導していることを伝える。

子どもの様子
場の雰囲気や状況を読み取ることが困難

[周囲に対する注意力]

✎ 跳び箱の学習で，跳び終わった後，友達が跳ぼうとする目の前を横切ってしまったことがありました。周りに気を付けることを約束し，その後は教室でも自分なりに注意している様子がうかがえます。

[思ったことをすぐ声に出す]

✎ 学習中，自分が指名されなかったときは発言する友達に注目して聞くこと，状況に応じた声の大きさで話すことについて，がんばりシールがもらえるようがんばっています。

 POINT

本人にとっては理由あっての行動で，その行動が状況にそぐわなかったことが理解できていないので，本人の気持ちを受け止めた上で丁寧な指導をしていることを伝える。

行動面の困難がある

 子どもの様子
友達とのコミュニケーションがむずかしく、トラブルになりがち

[一方的な会話]
- 互いに好きな物を話したり聞いたりするインタビューゲームを行いました。自分のことを知ってもらう心地よさや友達のことを知る楽しさを味わうことができました。

[友達への注意の仕方]
- 友達の言動が気になって、厳しく注意してしまいがちだったので、一緒にやさしく教えてあげようと約束しました。友達の気持ちを思いやった言い方で伝えることができました。

 POINT

自分の話をすべて受け入れてほしい気持ちが強い。その反面、相手の話に興味を持つことができない傾向がある。相手に対する伝え方や受け入れ方を指導していることを伝える。

 子どもの様子
自分の気持ちを言えずに、黙ってしまうことが多い

[あいさつやお礼の言葉]
- 「ありがとう」や「ごめんね」を言ってゲームが進行する遊びをしました。楽しく活動する中で、友達の目を見て、笑顔であいさつを交わすことができました。朝、元気に「おはよう」と教室に入ってくることができました。

[苦手な場面で話す言葉]
- 友達の遊びに入りたいときになかなか声をかけられずにいることがありました。自分から「入れて」の一言を言うことで、一緒に遊びたい気持ちが伝わって、楽しく遊ぶことができました。

 POINT

自分の気持ちを相手や周囲に正しく伝えることは、自分にとっても大切なことであることに気付かせ、言葉によって表現できるよう支援していることを記述する。

特別な配慮を必要とする子ども

対人面の困難がある

子どもの様子

やり方や予定の変更を受け入れることがむずかしい

[気持ちや行動の切替え]

✎ 学習と休み時間の切り替えに時間が掛かっていましたが、10分前くらいから声をかけるようにしたところ、少しずつ心の準備をすることができ、次のことにスムーズに移ることができました。

[状況に合わせた考えや行動をすること]

✎ 毎朝一日の予定を確認しています。変更があるときは、事前に個別で知らせておくようにしたところ、連絡の内容をスムーズに受け入れることができました。変更があっても大丈夫だったことをほめ、自信につなげました。

 POINT

落ち着いているときに、事前に話をして、受け入れの気持ちを準備することができるようにしたり、対処方法を一緒に考えたりしていることを伝える。

子どもの様子

休み時間などに友達と一緒に過ごすことがむずかしい

[遊びのルールの理解]

✎ クラス遊びで、簡単なルールの遊びを休み時間に行いました。ルールを守って遊んだから楽しくできたという経験を重ねたことで、ルールを意識することができるようになりました。

[勝ち負けへのこだわり]

✎ 自分が負けそうになると遊びをやめてしまうことがありました。一緒に遊んでいる友達の気持ちを一緒に考えてみました。相手の気持ちに気付くと、最後まで活動を続けられるようになりました。

 POINT

友達と一緒に遊びたいが、うまく遊ぶことができない。一緒に遊ぶ中でどのような場面で遊べなくなっているのかを見極め、支援方法を考えていることを伝える。

対人面の困難がある

子どもの様子
変化への対応がむずかしく，落ち着かない行動が表れる

[自分の主張へのこだわり]

✎ できそうなときはみんなと同じやり方を取り入れてみました。許容範囲が広がったことで自信となり緊張が和らいだようです。学習にも落ち着いて取り組むことができるようになりました。

[教室環境への適応]

✎ 活動の前にやり方を丁寧に確認すると同時に，少し違っても大丈夫なこと，やり直してもいいことをあらかじめ伝えました。自分でもできる，大丈夫と思えることが増え，安心して学習に取り組めることが増えました。

POINT

周囲が考えている以上に，ちょっとしたことで不安になっている。不安の表現の仕方が，言葉遣いや不適切な行動だったりすることもあるととらえ支援していることを伝える。

子どもの様子
友達と一緒に行う活動でトラブルになりがち

[係や当番活動への協力]

✎ 人の嫌がることを言わないことを目標にしました。一緒に振り返りをして，できたときはカードに花丸を付けました。どのようなときにどんな言葉を言ってしまうのかわかってきて，自分で気を付けることができました。

[グループ学習への参加]

✎ グループ学習で，することや進め方をはっきり示すようにしました。個別にも声をかけ，やる気をフォローしたところ，グループの輪から離れることなく，友達と活動ができるようになりました。

POINT

学級のルールを守って手順通り，友達と一緒に最後までやり遂げられるよう支援していることを記述する。友達からの信頼にも影響することなのでしっかり伝えたい。

> 特別な配慮を必要とする子ども

通級指導や個別指導などを受けている

子どもの様子
障害の特性により，何らかの苦手意識を持っている

[相手の気持ちの理解]
🖉 人にはいろいろな気持ちがあって，それは，表情や仕草，声のトーンなどでわかることを学習しました。設定した場面でどんな気持ちになるか考えたり，ジェスチャーで気持ちを当てたりすることができました。

[他者と折り合うこと]
🖉 取るべき行動はわかっているので，自分の気持ちと折り合うまで，なるべく待つようにしました。だんだん気持ちの切替えが上手になっていることを伝えると，自分で成長を感じ喜んでいました。

 POINT

子どもが自分なりに自身を理解し，自分に合った解決法を身に付け，苦手な状況に主体的に対応しようとする気持ちを持つことができるように支援していることを伝える。

子どもの様子
少人数指導や個別指導などを受けている

[学習に対する支援]
🖉 繰り上がりや繰り下がりのある計算の手順を，節を付けて覚えました。聞いて復唱しながら，目で確認して計算するうちに，手順やその意味を理解し，自分で計算できるようになりました。

[定規やコンパス等の使い方]
🖉 直線をスムーズに書くために，まずよい姿勢を確認しました。次に鉛筆の持ち方や腕の動かし方，定規の押さえ方を練習しました。自分で姿勢や両手の使い方に気を付けて，思い通りの直線が書けるようになりました。

 POINT

学級での個別の対応よりも，さらに子どもの困り感に寄り添うことが可能になる。子どもが何につまずいているのかを見極め，スモールステップで支援していることを伝える。

第4章 子どもの状況別言葉かけ集

言葉かけの心得

子どもへの言葉かけはその子の成長を願い，よさを認め励ますようにします。

①「よいところを見付けてほめる」ことを原則とします

がんばるぞという気持ちにさせるためには，その子どものよいところを見付けてほめることが大切です。できたことだけではなくがんばったこともほめることにより，次もがんばろうとする気持ちを育てていきましょう。

②欠点を指摘するのではなく，努力の仕方を示します

欠点を指摘するだけでは，子どもはやる気をなくしてしまいます。どのように努力したらよいのかをわかりやすく伝え，更に〇さんの成長に期待していることも伝えます。

③子どもにどんな言葉をかけたらよいか日頃から考えておきす

子どものよさをほめるためには，子どもたちの日頃の生活をよく見ておき，よいことがあったらその場でほめるだけでなく，さらに記録簿などに記録しておきます。その場の思いつきの言葉ではなかなか伝わらないものです。

④かける言葉の例をたくさん収集しておきます

子どもごとに言い分けるためには，日頃からたくさんの例を収集しておくしかありません。かける言葉の例は，学期の数からして，子どもの数の3倍以上が必要です。

⑤子どもの見方を広げ，同じ言葉を何度もかけないようにします

同じ子どもにはいつも同じ言葉をかけてしまいがちですが，毎学期同じ言葉をかけていては子どものやる気はなかなか育ちません。教師が子どもを見る視点は偏りがちになってしまいますが，日頃から子どもの見方を意図的に広げ，同じ言葉を何度もかけないように心掛けます。

⑥教師の回りに子どもが近づきやすいような雰囲気をつくりましょう

教師が子どもたちに笑顔で接することで，子どもたちはよくわからないところや困ったときに教師に聞きに来るだけでなく，日常的に教師と話がしやすくなります。教師が意図的に話しやすい雰囲気をつくることで教師への信頼感も増し，子どもは自分から困ったことを伝えやすくなるでしょう。

子どもの状況別言葉かけ集

言葉かけの基本

●全員の前でかける言葉は，ほかの子どもへのメッセージにもなります

　　子どもを全員の前でほめるということは，担任として学級に期待することへの評価やメッセージになります。周囲で聞いている子どもの様子もしっかり把握することが大切です。ほめるときは，学級全体の行動の変化を見ていきましょう。

●ほめるときは具体的にほめましょう

　　ほめるときは子どもたちの行動をほめることが大切です。そして，「やさしいね」や「思いやりがあるね」という言葉を付け加えることで，その行動の意味を感じさせるようにしましょう。

●言葉をかけるときは，子どもの顔を見つめて話します

　　実際にはかけられた言葉よりも，そのときの笑顔や声のトーンなどの印象からほめられたことの実感が伝わるものです。そのため，子どもの顔をしっかり見ながらにこやかにほめることが大切です。

やる気を引き出す言葉かけの基本形

観　点	基本形	言葉かけの例
・認める ・ねぎらう	＊よくがんばったね ＊夢中だったね ＊ごくろうさま	毎日，〜点検，よくがんばったね。 〜ができるように，夢中だったね。 〜のお世話，ごくろうさまでした。
・ほめる	＊さすがだね ＊すばらしい ＊おめでとう	さすが○さん，大活躍でしたね。 〜をやりぬくとは，すばらしい。 〜大会入賞，おめでとう。
・励ます	＊きっとできるよ ＊期待しているよ ＊〜なら大丈夫	この調子でやれば，きっとできるよ。 調子が出てきたね，期待しているよ。 ○さんなら大丈夫，やり続けよう。
・ヒントを 　与える	＊〜してみよう ＊〜も役に立つよ	休み中，5冊は読書してみましょう。 原稿用紙に書き写すのも役立つよ。
・考えさせる	＊以前と比べて ＊どちらが大事	以前よりドリルの時間は増えたかな。 時間は限られています。○さんには， ピアノと水泳どちらが大事かな。

● 学習の様子から

> ◎:成果が上がっている　　◇:成果が不十分・下がっている

全般的

- ◎ いつも先生や友達の話を姿勢よく真剣に聞く態度が，とてもりっぱでした。これからも続けてください。
- ◎ むずかしいこともあきらめないで，工夫しながら考えていました。最後までやりぬく気持ちが大切です。来学期以降も期待しています。
- ◎ わからないことを自分から尋ねることができましたね。自主的に質問する学習態度を，これからも大事にしてください。
- ◎ 出来上がるまで，いつも粘り強く取り組んでいますね。何より大切な姿勢です。これからも一所懸命やりぬきましょう。
- ◇ いつも明るく元気に過ごせましたね。ただし，これからは誰かが話しているときはその人を見て，静かに聞くことにも挑戦してください。
- ◇ いつもよい姿勢で先生の話を聞いていますね。今度は○さんの気持ちも知りたいです。来学期は思ったことや考えをたくさん話してください。
- ◇ 朝の会でおもしろい話をたくさん聞かせてくれてありがとう。授業中も同じように，積極的に挙手して発表してみましょう。
- ◇ 連絡帳の記録を毎日確認するようにして，忘れ物が少なくなってきましたね。すばらしい取組みです。これからもがんばりましょう。

国語

- ◎ 毎日音読練習をがんばる姿勢が大変りっぱでした。聞いてくれていたお家の方に，応援ありがとうと感謝の気持ちを伝えましょう。
- ◎ いつも「とめ，はね，はらい」に気を付けて丁寧に文字を書くことができていますね。その心掛けがすばらしいです。
- ◎ 毎回自分の気持ちに最後まで丁寧に向き合った作文を書いていますね。いつも楽しみに読んでいます。
- ◇ 学期末の新しい漢字練習のがんばりに感心しました。でも一度にたくさんは覚えられず，悔しかったですよね。これからは毎日少しずつ練習し，確実に覚えていきましょう。○さんならできますよ。

◇ いつも友達と楽しそうにお話ししていますね。作文も楽しいお話と同じように，心に残ったことを思ったとおりに書いてみましょう。○さんの素直な気持ちが込もった作文を読めることを，楽しみにしています。

◇ 本読みが上手になりましたね。一行ずつ指で押さえて読むのはよい試みです。お家の方と練習を続けてください。

算数

◎ 毎日計算練習をがんばりましたね。わかっている，できていると思っている問題であっても，丁寧に復習する学習態度はすべての学習の基本です。その学習態度を，これからも大切にしてください。

◎ 問題を読んだときに，わかっていることと答えるべきことの区別を，きちんと理解していますね。学習が身に付いていてすばらしいです。

◎ いろいろな式になるように考えながらの問題づくりが，とても上手にできるようになりました。頼もしく思っています。

◇ 計算問題は面倒だと言いながらも，ドリル学習をがんばりましたね。計算は繰り返し学習しないと身に付きません。これからも毎日少しずつ家庭学習を続けましょう。

◇ 長さや重さを調べる学習は楽しかったですね。単位の表し方はすぐに忘れてしまいがちです。家でもいろいろなものを測って，楽しく復習してみましょう。

◇ かけ算九九は毎日何度も声に出して唱えるうちに覚えられますよ。慣れてきたら，最後の９×９からの順でも滑らかに言えるようにチャレンジしてみてください。

生活

◎ 毎日熱心に生き物の世話を続けましたね。命を大切にする姿がりっぱでした。気が付いたことをきちんと記録できたこともすばらしいです。

◎ どんな活動をするときでも，グループの友達と相談するのが上手ですね。友達と協力して取り組めることを，頼もしく思っています。

◇ ○さんが観察ノートに描く絵を，いつも楽しみにしていました。色や大きさなどよく見て描き分けていましたね。今度は言葉の説明も付けてく

ださい。更に伝えることができますよ。楽しみにしています。
◇学校探検や町探検では，いろいろなものを見ることができて楽しかったですね。見ていないお家の方に教えてあげられるように，言葉でも記録してみましょう。
◇つくる活動が大好きですね。教えてくださる方や友達がどうやってつくったのか考えながら，気に入った作品をよく見てみましょう。コツがわかってさらに上手につくることができますよ。

音楽

◎いつも正しい口型で楽しそうに歌い，熱心に演奏していますね。音楽への心持ちと取組みが，とてもすばらしいです。
◎歌詞に合わせて口の形をきれいに開けて，大きな声で歌うことができています。明るい歌声が魅力的です。
◎友達と一緒に進んで楽器練習をして，正しいリズムで演奏できましたね。これからも積極的に音楽に親しみましょう。
◇とてもきれいな歌声です。友達と一緒に歌う練習を重ねると，もっと大きな声が出せるようになりますよ。○さんのきれいな歌声が，もっとたくさんの人に届くようになることを期待しています。
◇リズム打ちの練習に楽しく取り組めましたね。でも速くなるとむずかしかったでしょう。家の人の肩たたきでリズムをとったり，一緒にひざたたきをしたりして，家庭でもいろいろなリズムを楽しんでみてください。
◇鍵盤ハーモニカは指が思うように動かなくて，少し悔しそうでしたね。でも続けて練習するうちに，上手になります。指の動かし方など練習方法がわからなくなったときは，いつでも聞きに来てください。

図画工作

◎いつも画用紙いっぱいに，たくさんの色を使ってのびのびと描くことができていますね。描きたい気持ちが伝わってきて，素敵です。
◎工作のアイデアがたくさんあって，毎時間楽しんでつくり上げることができていますね。積極的に取り組む姿勢がすばらしいです。
◇いつも細かいところにまで気が付く，やさしい気持ちを持っています。

ただし絵を描くときには，思い切って大きな形を描いてから細かいところを描き足すようにしてみてください。見通しを持って作業を進められ，授業時間内に描き終えることができるようになりますよ。
◇ アイデアはたくさんあるのに，思うようにはさみを使えず悔しかったですね。広告の写真や絵を切り抜いたり貼り付けたりする遊びを通して練習してみましょう。

体育

◎ いつも進んで体を動かし，いろいろな運動にチャレンジする姿勢がすばらしいです。
◎ 友達と仲よく話し合って，ルールを守りながら工夫して活動する態度が大変りっぱです。
◇ 積極的な姿勢がすばらしいです。しかしみんなと運動するときは，ルールを守ることが一番大切です。守らないとけがのもととなります。気を付けてください。
◇ 飛んでくるボールはこわいですね。安全に気を付けてがんばりました。次はやわらかいボールを使って練習してみましょう。慣れるともっと体育が楽しくなりますよ。
◇ 休み時間に外で遊ぶことが増えて，少しずつ体力が付いてきましたね。鉄棒やうんていにも，友達と一緒にチャレンジしてみてください。

道徳

◎ みんなのために働くことのよさを考え，自分の意見を発表しました。いつも進んで行動していることに感心しています。あなたのすばらしい長所を，さらに深めていってください。
◎ 「正しいとわかっていても迷ってしまうことがある」と，素直な意見を発表できました。迷ったときにどうしたらよいのかを，これからも一緒に考えていきましょう。
◇ 自分の考えを積極的に発表し，友達の意見もよく聞いていますが，ノートに書くことは少し苦手のようです。気持ちの整理の仕方やノートのまとめ方を，一緒に練習してみましょう。

● 行動の様子から

◎：成果が上がっている　　◇：成果が不十分・下がっている

基本的な生活習慣

◎ いつも先生や友達に，明るく大きな声であいさつをしてくれますね。おかげでみんな笑顔になりました。

◎ ロッカーや机の中を，いつもきちんと整とんしていてりっぱです。その心掛けが忘れ物をなくしているのですね。

◇ 休み時間のチャイムを守れるようになってきましたね。授業中も，粘り強く最後までやりぬきましょう。

◇ いつも考えたことや感じたことを積極的に発表できて，すばらしいですね。ただし，ほかにも話したい人がいるときは，順番を待つことや譲り合うことも大切です。周りの人に気を付けてみましょう。

◇ 何でも一番を目指すことは，やる気があってとてもよいことです。でも，順番を守ることは，一番を目指すことの前にやるべき大事なことです。ルールや順番を守った上で一番を目指しましょう。

健康・体力の向上

◎ 体育委員会の6年生に「休み時間は外で遊びましょう」と誘われて，素直に意見を聞き入れ，外遊びの楽しさを知ることができましたね。

◎ 遊んだ後，友達と誘い合って，うがいや手洗いをきちんとする態度はりっぱです。健康に気を付けていますね。

◇ 苦手な一輪車を熱心に練習しましたね。すばらしいです。体を動かして気持ちよさを感じることが大切です。今後もがんばりましょう。

◇ 縄跳びカードはどんどん進み，二重跳びもできるようになりましたね。今度は縄跳びのコツを，うまく跳べない友達にやさしく教えてあげてください。

◇ 今学期は全力で外遊びができましたね。来学期はけがをしないことにも気を付けて遊びましょう。

◇ 健康な体づくりのために苦手な給食のメニューにも挑戦しようとしていますね。応援しています。

自主・自律

- ◎ 生活班の発表の際，みんなを誘って休み時間も進んで練習しましたね。おかげで発表は大成功となりました。頼もしく感じました。
- ◎ いつも休み時間に楽しそうな遊びを考え，実行していますね。今後も危ないことや人に迷惑になることはしないというルールを大切にして，いろいろな友達と仲よく遊んでくださいね。
- ◇ どの教科にも，いつも一所懸命に取り組みりっぱです。今度は次の段階に進みましょう。不安なことやわからないことがあっても，すぐにあきらめないで，失敗してもいいから，助言を求めたり自分なりの方法を試したりしてみましょう。○さんならできますよ。応援しています。

責任感

- ◎ 給食当番のとき，みんなに声をかけてスプーンやフォークをきちんと揃えて片付けていますね。細やかな心配りができることを，いつも感心しています。
- ◎ ごみ捨ての当番では，分別を確認して捨てに行くなど，どんなこともきちんと行う態度は大変りっぱです。
- ◇ 生き物係では，ザリガニのえさやりを毎日がんばってくれましたね。でも，水槽の掃除や水替えも係の人の大事な仕事ですよ。そちらもがんばってください。もっと生き物が好きになりますよ。
- ◇ いつも先生の手伝いを真っ先に引き受けてくれることを，嬉しく思っています。もう一つお願いがあります。一度引き受けたことは最後までやり終えて，明るく大きな声で「終わりました」と報告してください。来学期を楽しみにしています。

創意工夫

- ◎ お楽しみ会で，みんなができるゲームをいろいろ考えて，積極的に提案してくれましたね。楽しい時間を過ごすことができ，みんな喜んでいました。頼もしく思っています。
- ◇ 絵を描くとき，自分の考えでどんどん描けてすばらしいですね。でも友

達に「まねしないで」と怒らないで，ヒントを教えてあげられるともっとすばらしいです。友達と一緒に学び合うという気持ちをイメージして，大切にしてみてください。

思いやり・協力

◎ 隣の席の友達が定規を忘れたとき，すぐに気が付きそっと貸してあげていましたね。やさしく相手を思いやる，すばらしい行動でした。
◎ 鉄棒で逆上がりの練習をしている友達を励ましていましたね。友達が成功したとき，心から嬉しそうでした。
◇ 宿題も学習道具も忘れることなくりっぱです。でも忘れた人は悲しい気持ちですから，大声で「忘れたの？」と聞くことはやめましょう。忘れた人に気付いたときは，そっと助けてあげてください。
◇ 何でも工夫してさっとでき，頼もしく思っています。でも，ゆっくり話したり作業したりする人もいます。「早くして」とせかさないで，思いやりの心を持って待てるともっと素敵です。よく気が付く○さんならできると思います。来学期はぜひ挑戦してみください。
◇ いつも静かに話を聞く姿勢がりっぱですね。次は友達の気持ちに立って，相手によく聞こえるように返事や話ができるようになりましょう。まずは本読みで大きな声を出すことから挑戦してみましょう。

生命尊重・自然愛護

◎ 学級園の水やりのとき，乾いていた友達のアサガオにもそっと水をかけていましたね。りっぱでした。
◎ カブトムシの幼虫をたくさん育てているそうですね。クラスでも飼いたいという人がいます。今度，みんなに飼い方を教えてくださいね。
◇ いろいろなことに興味を持って調べる気持ちはとてもすばらしいです。でも，虫も花も命は一つしかありません。丁寧に扱いましょう。そして見た後は，そっと戻してあげましょう。

勤労・奉仕

◎ 掃除のとき，誰もやる人がいないと自分からちりとりを取りに行くなど，

嫌がることも黙って引き受けることができていますね。すばらしいと思って見ていますよ。
◇ 給食当番のときは，てきぱきと仕事をしていて感心しています。でも掃除当番では，遊んでしまうのが残念でした。これからは，どんな仕事もきちんとやりましょう。

公正・公平

◎ いつもひいきすることなく，どんな友達の話もよく聞いていますね。友達同士のけんかをやめさせられることに，感心しています。
◇ 休み時間のドッジボール，いつも楽しそうですね。でも，審判がいないからもめることもあるでしょう。話合いで解決できるように，意見を出し合って工夫してみましょう。

公共心・公徳心

◎ 公園探検のとき，友達が落としたごみを黙って拾い，ごみ箱に入れていましたね。その気持ちと行動がすばらしいです。
◎ 一輪車や竹馬を使った後，必ず片付けをしていますね。次の人のことを考えられる態度は大変りっぱです。
◇ 興味を持ってなにごともやってみる姿勢は大変りっぱです。でも，後片付けをしないでいなくなってしまうのは困ります。次の人のことも考えられるといいですね。
◇ いつも元気いっぱいで，友達も大勢できて素敵です。ただ，きまりを守らないと自分も友達もけがをします。まずはきまりを守ることを約束してください。ほかの人に迷惑をかけないことも，大事なことです。

INDEX 所見文例索引

学習について

学習成果

学習成果が十分上がっている

	ページ
学習成果も学習態度も良好な子	30
探究心が旺盛で授業に積極的に参加している子	30
進んで調べようとする子	31
学習成果は上がっているが，学力に自信のない子	31
意欲的だが人の話をあまり聞かない子	32
応用力を伸ばすことで学力向上が期待できる子	32
知識は豊富だが，生活体験の幅が狭い子	33
知的に優れているが，力を出しきれない子	33

おおむね学習成果が上がっている

努力の積み重ねにより学習成果が上がっている子	34
体験的な学習に意欲的に取り組んでいる子	34
家庭学習の習慣が身に付いている子	35
やればできるのに意欲が続かない子	35
知識や技能に加え，思考力や表現力をはぐくむ必要がある子	36
発想力が高いが，知識・技能の定着が必要な子	36
現状の自分に満足している子	37
基礎・基本の力があり，能力以上の目標設定をしない子	37

学習成果が不十分

努力に見合った学習成果が上がっていない子	38
自分のよさに気付いていない子	38
集中が続かず，思うように理解が進まない子	39
学習作業に時間がかかる子	39
理解するために時間がかかり，自信を失っている子	40
効率的な学習方法が身に付いていない子	40
友達や教師への依頼心が強い子	41
テストの点数に自己肯定感が左右される子	41

学習成果に偏りやむらがある

不得意な教科を克服しようと努力している子	42
得意教科・不得意教科の差が大きい子	42
運動への苦手意識のある子	43
教科の得意・不得意を自分で決め付けている子	43

所見文例索引

学習成果が上がった／下がった

どの教科においても，大きく成長した子	44
飛躍的に力を付けた教科がある子	44
全体的に急に成績が下がった子	45
成績が下がった教科がある子	45

学習への取組み方

意欲・積極性

好奇心・探究心が旺盛な子	46
不得意な教科に対する学習意欲がわいてきた子	46
授業にまじめに参加している子	47
やればできるのに，意欲が続かない子	47
まじめに努力するが，自信がないように見える子	48
学習の内容がわかっていても，なかなか発言しない子	48
積極的に挙手するが，発言の内容に深まりがない子	49
他人を否定する発言をすることがある子	49

集中力・根気強さ

集中して学習に取り組んでいる子	50
むずかしい課題にも粘り強く取り組む子	50
根気を必要とする作業にも粘り強く取り組む子	51
授業以外のことに興味・関心が移りがちな子	51
困難にぶつかると，あきらめがちな子	52
不注意によるミスが目立つ子	52
じっくりと時間をかけて考えることが苦手な子	53
授業中に離席してしまう子	53

自主性・主体性・計画性

めあてを持って学習に取り組んでいる子	54
宿題や学習準備を忘れずにできる子	54
進んで学習準備や後片付けができる子	55
見通しを持って学習することが苦手な子	55
自分の考えに自信が持てない子	56
指示がないと，行動できない子	56
宿題や学習準備が疎かになりがちな子	57
学習の準備・後片付けが不得意な子	57

創意工夫

創意工夫が学習成果に表れている子	58

努力を積み重ねている子	58
学んだことをほかの場面や生活に生かそうとする子	59
創意工夫で困難を乗り越えようとする子	59
発想が豊かな子	60
同じ間違いを繰り返す傾向がある子	60
ものごとに柔軟な発想で向き合うことが不得意な子	61
模倣が多く，自分らしさを発揮できていない子	61

協調性

学級全体の調和を大切にできる子	62
友達と協調的に関わりながら学習している子	62
誰とでも円滑にコミュニケーションを取れる子	63
前向きな言動で，学級全体に好影響を与えている子	63
周りが見えなくなることがある子	64
グループ学習にとけ込もうとしない子	64
周囲から自己中心的に見られている子	65
コミュニケーションが苦手な子	65

考え方や情緒面での課題

注意が散漫になりがちな子	66
授業中の態度や気分にむらがある子	66
現状に満足し，新たな課題に挑もうとしない子	67
自分を甘やかしてしまう子	67
自信がなく，引っ込み思案な子	68
テストの結果によって学習意欲が左右される子	68
人の失敗をなかなか許せない子	69
自分の失敗を認められない子	69

観点別にみた学力の特徴

知識・技能

知識が豊富な子	70
基礎・基本を身に付けている子	70
実験・観察の技能に優れている子	71
図鑑や辞典など資料活用の能力に優れている子	71
知識を定着できている子	72
ノートの取り方・まとめ方に優れている子	72
基本的な知識や技能が不足している子	73
基礎・基本に課題がある子	73

所見文例索引

思考・判断・表現

学習課題や疑問を発見することが得意な子	74
課題解決的な学習が得意な子	74
分析して自分の考えをまとめることが得意な子	75
自分の意見と友達の意見を比べて考える子	75
作品の構想を練ることが得意な子	76
パソコンやインターネットを活用して学習を深めている子	76
原理や法則性を理解し表現に生かしている子	77
作品の構想を練ることが苦手な子	77
原理や法則性をとらえることが苦手な子	78
学習課題や疑問を見出すことが苦手な子	78

主体的に学習に取り組む態度

興味を持って進んで読書に取り組む子	79
自ら学習を深めようとしている子	79
発表に主体的に取り組もうとする子	80
人前での発表に積極的に取り組めない子	80
学習作業が速く間違いも少ない子	81
主体的に学びを深めようとする子	81
際立った才能を発揮し周囲の手本となっている子	82
パソコンやインターネットを学習に生かそうとする子	82
学習作業は速いが失敗や間違いが多い子	83
見通しを持って作業しようとしない子	83

学習習慣・家庭環境・その他

学習習慣

予習・復習にしっかり取り組める子	84
家庭学習の内容が充実している子	84
学習整理がきちんとできる子	85
よく読書している子	85
宿題や学習準備がなかなかできない子	86
予習・復習への意欲が低い子	86
予習・復習をなかなかしない子	87
家庭学習や読書の習慣が身に付いていない子	87

家庭環境

学習面から見て家庭環境に恵まれている子	88
保護者の関心が高く，自身もがんばっている子	88

萎縮してしまっている子	89
なかなか自立ができない子	89
家庭環境が整っていない場合	90
保護者の関心が低い場合	90
保護者が子どもの課題に気付いていない場合	91
保護者が自信を持てていない場合	91

その他

欠席が少なく元気に登校できる子	92
転入してきた子	92
転校する子	93
新学年に向けて励ましたい場合	93
不登校傾向の子	94
塾や習い事のマイナス面が気になる子	94

科目別

国語	96
算数	98
生活	100
音楽	101
図画工作	102
体育	103
特別の教科 道徳	105
特別活動	150

行動について

基本的な生活習慣

あいさつや適切な言葉遣いができる子	110
整理整とんができる子	110
時間や安全への意識が高い子	111
規則正しく行動することが苦手な子	111
時間を守る意識の低い子	112
言葉遣いや行動が乱暴な子	112
落ち着いて規則正しく生活できる子	113
感情にまかせて行動してしまう子	113

健康・体力の向上

元気がよくいつも明るい子	114

所見文例索引

体調が優れない子	114
進んで運動している子	115
運動が苦手で，室内で遊ぶのが好きな子	115
心身ともにたくましさを身に付けている子	116
食べ物の好き嫌いがある子	116
安全に気を付け，けがが少ない子	117
姿勢よくできない子	117

自主・自律

苦手なことに取り組めない子	118
自分勝手な行動をしてしまう子	118
調子に乗り，羽目を外してしまう子	119
最後までやりとおす意欲を持っている子	119
自分の気持ちを出せずに過ごしている子	120
明るくのびのびと行動する子	120
進んで行動できている子	121
目標を持てず，あきらめやすい子	121

責任感

係や当番の仕事を最後までやりとおす子	122
まとめ役として責任を果たしている子	122
準備・後片付けに責任を持って取り組む子	123
自分の役割を確実にやり抜く子	123
自分の仕事に集中できない子	124
言い訳が多い子	124
一人ではなかなか取りかからない子	125
決まったことを忘れてしまう子	125

創意工夫

新しいことに興味を持つ子	126
発想が柔軟で多面的に考えることができる子	126
困難に立ち向かい，解決しようとする子	127
自分に合った方法を工夫する子	127
好奇心に欠け，消極的な子	128
周りを気にして積極的になれない子	128
多面的に考察することが苦手な子	129
自分らしさを発揮できない子	129

思いやり・協力

困っている友達に親切にできる子	130
広い心を持ちあたたかみを感じさせる子	130
感謝の気持ちを素直に表すことができる子	131
行事で思いやり・協調性を発揮した子	131
学習活動で思いやり・協調性を発揮した子	132
相手の気持ちを大切にできる子	132
協力的な姿勢に欠ける子	133
自分と異なる意見や立場を尊重できる子	133

生命尊重・自然愛護

動植物が好きで,進んで世話をする子	134
動植物に関心を持ち,進んで調べようとする子	134
小さな生き物や植物の世話を忘れがちになる子	135
高齢者や障害を持った方にあたたかく接する子	135
命の尊さへの気付きが未熟な子	136
自然の変化を豊かに感じ取れる子	136

勤労・奉仕

意欲的に働く姿が学級の手本となっている子	137
掃除などの当番活動を好まない子	137
学級や友達などのために主体的に行動する子	138
何かをしてもらうことが当たり前になっている子	138
ボランティア活動に意欲的に取り組む子	139
ボランティア活動への関心が高まった子	139

公正・公平

周囲に流されず,自分で判断して正しい行動ができる子	140
周囲の意見や行動に流されがちな子	140
自分の好き嫌いにとらわれず,誰とも公平に接する子	141
自分の好き嫌いで行動してしまう子	141
正しいことの基準を自分でしっかり持ち,行動できる子	142
公平な態度がみんなの手本となる子	142

公共心・公徳心

みんなで使うものを大切に扱える子	143
みんなで使うものの扱いがぞんざいになる子	143
人に迷惑をかけないように行動することができる子	144
公共心・公徳心が未熟な子	144

公共のマナーをよく守る子	145
公共のマナーを軽んじがちな子	145

その他

登校を渋ったり休んだりしがちな子	146
ごまかすことがある子	146
作業や行動が遅くなりがちな子	147
作業の丁寧さや慎重さに欠ける子	147
力があるのに消極的になりがちな子	148
学習用具や宿題を忘れることが多い子	148
友達とトラブルになりやすい子	149
大人びている子	149

特別な配慮を必要とする子どもについて

学習面の困難がある

話を聞いて考え理解することが苦手	156
言葉によるコミュニケーションが苦手	156
音読に時間がかかり，読むことに関して消極的	157
学習の書く場面で，なかなか書き進められない	157
練習を重ねても文字の読み書きの習得が困難	158
形をとらえることがむずかしい	158
計算の仕方などがなかなか定着しない	159
因果関係を理解することが苦手	159
指先を使った作業が苦手	160
運動が苦手で，外遊びにも消極的になりがち	160
気になることがあると，注意がそれてしまう	161
調べたりまとめたりすることが困難	161

行動面の困難がある

整理整とんが苦手で忘れ物が多い	162
注意がそれやすく一斉指示に従った行動が苦手	162
離席するなどじっとしていることが苦手	163
自分の思いで突発的に行動してしまう	163
集団生活の中で衝動的な行動が多い	164
場の雰囲気や状況を読み取ることが困難	164
友達とのコミュニケーションがむずかしく，トラブルになりがち	165
自分の気持ちを言えずに，黙ってしまうことが多い	165

対人面の困難がある
　やり方や予定の変更を受け入れることがむずかしい　166
　休み時間などに友達と一緒に過ごすことがむずかしい　166
　変化への対応がむずかしく，落ち着かない行動が表れる　167
　友達と一緒に行う活動でトラブルになりがち　167

通級指導や個別指導などを受けている
　障害の特性により，何らかの苦手意識を持っている　168
　少人数指導や個別指導などを受けている　168

■執筆者一覧（原稿順，所属は2019年4月現在）

石田　恒好　文教大学学園長　p.9, 12, 15
石田　玲子　元・箱根町立箱根の森小学校校長　p.10-11, 13-14, 16-19
勝亦　章行　前・練馬区立関中学校校長　p.20-23
神山　直子　東京純心大学現代文化学部こども文化学科講師　p.29-69
針谷　玲子　台東区立蔵前小学校校長　p.70-83, 169-178
濱松　章洋　調布市立深大寺小学校校長　p.84-94
松本絵美子　文京区立窪町小学校校長　p.96-103
大場　一輝　三鷹市立中原小学校校長　p.109-133
齋藤　瑞穂　杉並区立杉並第七小学校校長　p.134-154
後藤　欣子　調布市立飛田給小学校主任教諭　p.155-168

■編著者
石田　恒好　文教大学学園長
山中ともえ　調布市立飛田給小学校校長

資質・能力を育てる
通信簿の文例＆言葉かけ集
小学校低学年

2019年7月10日　初版第1刷発行［検印省略］

編著者　　石田恒好・山中ともえ
発行人　　福富　泉
発行所　　株式会社　図書文化社
　　　　　〒112-0012　東京都文京区大塚1-4-15
　　　　　Tel: 03-3943-2511　Fax: 03-3943-2519
　　　　　http://www.toshobunka.co.jp/
本文・カバーデザイン　　中濱健治
カバーイラスト　　　　　ヤマネアヤ
印　刷　株式会社　厚徳社
製　本　株式会社　駒崎製本所

©ISHIDA Tsuneyoshi, YAMANAKA Tomoe　2019　Printed in Japan
ISBN 978-4-8100-9728-3　C3337
JCOPY ＜出版者著作権管理機構　委託出版物＞
本書の無断複写は著作権法上での例外を除き禁じられています。
複写される場合は，そのつど事前に，出版者著作権管理機構
（電話 03-5244-5088，FAX 03-5244-5089，e-mail:info@jcopy.or.jp）
の許諾を得てください。
乱丁・落丁本はお取り替えいたします。
定価はカバーに表示してあります。

図書文化の道徳教育

書籍

「考え,議論する道徳」を実現する!
主体的・対話的で深い学びの視点から

「考え,議論する道徳」を実現する会 著　A5判192頁　●本体2,000円+税

道徳教育改革のキーパーソン16名が集結。新教科「道徳」の理念と指導の骨子を解説します。

新教科・道徳はこうしたら面白い
道徳科を充実させる具体的提案と授業の実際

押谷由夫・諸富祥彦・柳沼良太 編集　A5判248頁　●本体2,400円+税

子どもたちが真剣に考える道徳授業をつくるには。これからの道徳授業のあるべき姿を提案します。

「現代的な課題」に取り組む道徳授業
価値判断力・意思決定力を育成する社会科とのコラボレーション

柳沼良太・梅澤真一・山田誠 編　A5判208頁　●本体2,400円+税

心情の読み取りではない道徳授業へ。
多様な社会問題を取り上げた道徳実践事例を14本,
社会的問題への価値判断力の育成に取り組んできた社会科の実践事例を7本紹介。

子どもが考え,議論する 問題解決型の
道徳授業事例集　小学校/中学校(2分冊)
問題解決的な学習と体験的な学習を活用した道徳科の指導方法

柳沼良太 編著　B5判　小●本体2,600円+税　中●本体2,400円+税

アクティブ・ラーニング型道徳授業づくりの考え方と具体の授業実践事例。

定番教材でできる 問題解決的な道徳授業　小学校

柳沼良太・山田誠・星直樹 編著　A5判176頁　●本体2,000円+税

副読本でおなじみの定番資料。教科化で授業はどう変わるのか。各時間のワークシート付き。

DVD(映像)

子どもが考え,議論する 問題解決的な学習で創る道徳授業　小学校

柳沼良太 監修　毎日映画社 企画制作　DVD 2枚組(PDF指導案付)　●本体20,000円+税

現役カリスマ教諭によるアクティブ・ラーニング型の道徳授業を,映像で!
各ディスクに,「授業のポイントチェックと振り返り」「今すぐ使える!授業案PDF」を収録。

〈収録授業〉
幸阪創平(杉並区立浜田山小学校教諭)「かぼちゃのつる」(小学校1年生)
星　直樹(早稲田実業学校初等科教諭)「三つの声」(小学校3年生)
山田　誠(筑波大学附属小学校教諭)「いじめについて考える」(小学校5年生)

図書文化

※本体価格には別途消費税がかかります

シリーズ 教室で行う特別支援教育

個に応じた支援が必要な子どもたちの成長をたすけ，学校生活を楽しくする方法。
しかも，周りの子どもたちの学校生活も豊かになる方法。
シリーズ「**教室で行う特別支援教育**」は，そんな特別支援教育を提案していきます。

ここがポイント学級担任の特別支援教育

通常学級での特別支援教育では，個別指導と一斉指導の両立が難しい。担任にできる学級経営の工夫と，学校体制の充実について述べる。

河村茂雄 編著

B5判　本体 2,200円

応用行動分析で特別支援教育が変わる

子どもの問題行動を減らすにはどうしたらよいか。一人一人の実態から具体的対応策をみつけるための方程式。学校現場に最適な支援の枠組み。

山本淳一・池田聡子 著

B5判　本体 2,400円

教室でできる**特別支援教育のアイデア** 〔小学校編〕〔小学校編 Part 2〕

通常学級の中でできる LD, ADHD, 高機能自閉症などをもつ子どもへの支援。知りたい情報がすぐ手に取れ，イラストで支援の方法が一目で分かる。

月森久江 編集

B5判　本体各 2,400円

教室でできる**特別支援教育のアイデア** 〔中学校編〕〔中学校・高等学校編〕

中学校編では，授業でできる指導の工夫を教科別に収録。中学校・高等学校編では，より大人に近づいた生徒のために，就職や進学に役立つ支援を充実させました。

月森久江 編集

B5判　本体各 2,600円

通級指導教室と特別支援教室の指導のアイデア 〔小学校編〕

子どものつまずきに応じた学習指導と自立活動のアイデア。アセスメントと指導がセットだから，子どものどこを見て，何をすればよいか分かりやすい。

月森久江 編著

B5判　本体 2,400円

遊び活用型読み書き支援プログラム

ひらがな，漢字，説明文や物語文の読解まで，読み書きの基礎を網羅。楽しく集団で学習できる45の指導案。100枚以上の教材と学習支援ソフトがダウンロード可能。

小池敏英・雲井未歓 編著

B5判　本体 2,800円

人気の「ビジョントレーニング」関連書

学習や運動に困難を抱える子の個別指導に

学ぶことが大好きになるビジョントレーニング

北出勝也 著

Part 1　　B5判　本体 2,400円
Part 2　　B5判　本体 2,400円

クラスみんなで行うためのノウハウと実践例

クラスで楽しくビジョントレーニング

北出勝也 編著　　B5判　本体 2,200円

K-ABCによる認知処理様式を生かした指導方略

長所活用型指導で子どもが変わる

藤田和弘 ほか編著

正編 特別支援学級・特別支援学校用	B5判	本体 2,500円
Part 2 小学校 個別指導用	B5判	本体 2,200円
Part 3 小学校中学年以上・中学校用	B5判	本体 2,400円
Part 4 幼稚園・保育園・こども園用	B5判	本体 2,400円
Part 5 思春期・青年期用	B5判	本体 2,800円

図書文化

※本体価格には別途消費税がかかります

授業・学級づくりの本

● 授業づくり

最新 教えて考えさせる授業 小学校
市川伸一・植阪友理 編著　B5判 本体 2,500円＋税

問いを創る授業 ―子どものつぶやきから始める主体的で深い学び―
鹿嶋真弓・石黒康夫 編著　B5判 本体 2,400円＋税

授業で使える! **論理的思考力・表現力を育てる 三角ロジック**
鶴田清司 著　A5判 本体 1,800円＋税

● 学級づくり

学級集団づくりのゼロ段階　河村茂雄 著　A5判 本体 1,400円＋税

学級リーダー育成のゼロ段階　河村茂雄 著　A5判 本体 1,400円＋税

ゆるみを突破! 学級集団づくりエクササイズ 小学校
河村茂雄・武蔵由佳 編著　B5判 本体 2,400円＋税

100円グッズで学級づくり ―人間関係力を育てるゲーム50―
土田雄一 編著　A5判 本体 1,400円＋税

今日から始める **学級担任のためのアドラー心理学**
会沢信彦・岩井俊憲 編著　四六判 本体 1,800円＋税

エンカウンターで学級が変わる **ショートエクササイズ集**
國分康孝 監修　B5判 本体 2,500円＋税

● その他

とじ込み式 **自己表現ワークシート**
諸富祥彦 監修　大竹直子 著　B5判 本体 2,200円＋税

図とイラストですぐわかる
教師が使えるカウンセリングテクニック80
諸富祥彦 著　四六判 本体 1,800円＋税

小学生のスタディスキル
安藤壽子 編著　家田三枝子・伴英子 著　B5判 本体 2,200円＋税

図書文化